KB068040

상대를 꿰뚫어 보는
FBI 심리 기술

FBI心理操控術

FBI가 알려주는 심리 기술 활용법

상대를 꿰뚫어 보는

FBI 심리기술

진성룽 지음 | 원녕경 옮김

청민
미디어

상대의 마음과 생각을
읽을 수 있다

FBI의 정식 명칭은 '미국연방수사국(Federal Bureau of Investigation)'
으로 각종 범죄사건을 수사하는 수사기관이자 미국의 주요 사법기
관이다. 최근 들어 미국 내 FBI의 지위가 날로 높아지면서 이제는
자타 공인 미국 국민이 가장 신뢰하는 기관으로 자리매김했다.

"FBI는 어떻게 전 세계적으로 이름을 날리는 수사기관이 되었을
까?"

물론 이 질문에 대한 답은 여럿 있겠지만 그중에서 하나를 꼽으
라면 단연 'FBI의 심리 기술'을 들 수 있다. 즉, 인간의 심리를 연구
분석해 사람의 마음을 움직이는 기술을 익히고, 이를 수사 과정에

적극적으로 활용한 것이 주효했다. 확실히 FBI는 범죄 용의자와 범법자들의 심리를 파악해 중차대한 사건들을 해결하며 오늘날의 명성을 만들어냈다.

FBI는 현존하는 전 세계 모든 범죄 심리 연구기관 중 가장 뛰어난 연구 업적을 자랑한다. 여기서 무엇보다 주목할 점은 FBI가 사회적 환경과 인간의 본성을 연결지어 범죄자에 대한 전면적인 심리 연구를 진행한 것이다. 더 나아가 범죄자의 심리를 파악하는 FBI만의 '심리 기술'을 만들어냈다는 사실이다.

'FBI 심리 기술'은 지난 100여 년간 범죄의 주체를 다방면으로 연구하고 분석해온 미연방수사국의 귀중한 결과물이다. FBI가 범죄자의 심리와 성격적 특징에서 드러나는 정보를 집중 연구해온 만큼 그들의 심리 기술은 실질적인 가치가 있다.

FBI에서 25년간 일한 조 내버로(Joe Navarro)는 말한다. "사실 내가 그 일을 어떻게 처리하느냐보다 어떻게 다른 사람이 그 일을 처리하게 만드느냐가 더 중요하다. 다른 사람의 생각을 고려하지 않는다면 사회적인 반대에 부딪히기 마련이다. 그러므로 자신이 마땅히 해야 할 일을 하되, 타인의 생각을 헤아리고, 타인의 심리 변화를 읽어야 한다. 그래야 다른 사람과 함께 더불어 일할 수 있는 사람이 될 수 있다."

그렇다. 누구나 친구가 되고 싶어 하는 사람, 타인에게 믿음을 주는 사람이 되고 싶다면 상대의 생각과 마음을 헤아려 서로 보완하는 관계가 되어야만 자신이 원하는 것을 얻을 수 있다.

사회가 빠르게 발전할수록 타인의 심리를 읽고자 하는 사람들이 많아지는 이유도 바로 여기에 있다. 지금처럼 치열한 경쟁 시대에는 타인의 심리를 파악하고, 더 나아가 타인의 심리를 조종할 수 있는 사람이 곧 경쟁에서 승자가 되고 또 사회적으로 강자가 될 수 있기 때문이다.

이는 일상생활에서나 직장생활에서나 마찬가지다. 타인과 소통하고, 교류하고, 함께 일할 때도 상대의 심리 변화를 살피고 그들의 심리 변화가 나에게 미칠 영향을 분석해볼 필요가 있다. 시장을 휘어잡은 장사의 고수도, 직장에서 승승장구하는 '직장 내 스타'도 타인의 심리를 조종하는 기술을 익혀야만 자신에게 불리한 것들을 피해 유리한 방향으로 나아갈 수 있다.

우리는 사회생활을 하며 타인에게 상처받지 않기 위해 알게 모르게 '가면'을 쓴다. 그리고 대인관계를 맺으며 항상 상대가 쓰고 있는 그 '가면'을 벗기려 하기도 한다. 사람들이 인간관계에 피곤함을 느끼는 이유는 대부분 이 때문이다. 가면을 쓴 채, 다른 사람의 가면을 벗기려고 하다 보니 타인을 제대로 보지 못해 괴롭고, 서로를 믿지 못해 피곤하다. 이에 대해 조 내버로는 말한다. "사람들은 자신의 진짜 모습을 열심히 감춘다. 그러면서 타인의 진면목을 보

상대를 꿰뚫어 보는 FBI 심리 기술

려고 열심히 노력한다. 이는 그 누구의 잘못도 아니다. 모든 사람의 마음속 깊은 곳엔 안정감에 대한 약간의 결핍이 존재하기에 자칫하면 타인에게 상처를 받을 수도 있다는 생각 때문이다." 우리가 사람의 마음을 움직이는 기술을 꼭 배워야 하는 이유가 여기에 있다.

그런 의미에서 범죄심리학의 관점과 FBI의 오랜 경험을 결합해 인간의 보디랭귀지 및 성격적 특징 등 다방면에 대한 맞춤형 분석과 해석, 그리고 실생활에 적용할 수 있는 심리 기술을 이 책에 담았다. 모쪼록 독자들이 이 책을 읽으며 'FBI 심리 기술'을 쉽게 익힐 수 있기를 바란다.

FBI 심리 기술 》

3 말로 단숨에 상대의 생각을 바꾼다

FBI 심리 기술 》

4 눈동자의 움직임에 담긴 정보를 포착한다

상대를 꿰뚫어 보는 **FBI 심리 기술**

FBI 심리 기술 》

⑦ 거짓말을 간파해 사람의 심리를 조종한다

FBI 심리 기술 》

⑧ 술술 풀리는 인간관계를 위한 전략

FBI 심리 기술 1

∞

행동을 관찰하면
그 사람의 마음이 보인다

사람의 마음이란 참 복잡 미묘하면서도 신기하다. 이 복잡한 마음속에서 생각이 싹트고, 그 생각이 한 사람의 행동을 지배한다. 그런 까닭에 FBI 요원들은 상대의 일거수일투족을 통해 그 사람의 심리를 간파하는 별도의 심리 기술을 익힌다. 물론 그 주요 목적은 범죄자의 마음을 읽고, 심리를 조종하는 데 있다. 그런데 사실 타인의 보디랭귀지를 관찰해 상대의 심리를 이해하는 것은 비단 FBI 요원에게만이 아니라 복잡한 현대사회를 살아가는 우리에게도 꽤 유용한 기술이다.

걸음걸이를 보면
심리 상태가 보인다

대부분의 사람들에게 걷는 것은 지극히 평범한 일이다. 그러나 미연방수사국 요원들은 사람마다 각자 걷는 모습이 다르며, 걸음걸이에 그 사람의 심리 상태가 반영된다고 말한다.

전직 FBI 요원이었던 범죄 심리 전문가 로버트 K. 레슬러(Robert K. Ressler)는 강조한다. "용의자의 걸음걸이를 관찰하면 사건 발생 후의 심리 상태를 알 수 있다. 이는 알리바이 속 허점을 찾아 사건의 진상을 밝히는 데 큰 도움이 된다. 일상생활에서도 마찬가지다. 타인의 걸음걸이를 관찰해 심리 상태를 파악하면 상대와의 불필요한 마찰을 줄여 더 좋은 관계를 맺을 수 있다."

시간은 새벽 3시, 체크무늬 셔츠를 입은 한 남자가 올랜도 (Orlando)의 시가지를 걷고 있고, 그와 멀지 않은 곳에 날카로운 눈빛으로 그를 지켜보는 두 사람이 있었다.

체크무늬 셔츠를 입은 그 남자의 이름은 웨스트. 술집 사장으로 알려져 있지만 그의 진짜 정체는 마약거래단의 보스다. 한편 그와 적당한 거리를 유지하며 몰래 뒤를 밟고 있는 두 사람은 FBI 요원으로 나이가 많은 쪽이 쾨스터, 적은 쪽이 해리스다.

"해리스, 오늘 밤엔 웨스트의 범죄 증거를 찾을 수 있겠는걸. 내 장담하지!"

작게 속삭이는 쾨스터의 말에 해리스는 믿을 수 없다는 듯 대꾸했다.

"에이~, 걸음걸이가 가벼운 걸 보니 어디 파티에라도 참석하러 가는 모양인데, 어떻게 오늘 밤에 증거를 찾을 수 있다는 겁니까?"

그러자 쾨스터가 자신만만한 표정으로 말했다.

"자네도 나처럼 20년 가까이 FBI 요원 노릇을 하다 보면 내 말에 동의하게 될걸! 그러니 일단은 녀석의 뒤를 잘 밟아보자고. 내가 증거를 찾게 해줄 테니."

"오, 그럼 꼭 좀 부탁드립니다."

해리스의 말이 떨어지기 무섭게 길가의 한 회계사무실로 들어가는 웨스트의 모습이 포착됐다. 새벽 3시면 일반 회계사무실이 문을 닫고도 남을 시간인데, 왜 저 회계사무실에서는 희미한 불빛이 새어 나오는 걸까? 웨스트가 재무상담을 위해 회계사를 찾아간 것은 분명 아닐 테고, 사무실 사람들이 야근하고 있을 리도 없으니, 마약 밀매업자가 한밤중에 회계사무실을 찾을 이유는 단 하나! 바로 돈과 관련된 일, 즉 불법을 저지르기 위해서였다.

웨스트가 회계사무실로 들어간 후, 쾨스터와 해리스는 주변에 잠복해 있던 다른 요원들을 데리고 곧장 사무실을 급습, 다량의 마약을 몰수해 웨스트의 덜미를 잡을 수 있었다.

이후 해리스는 어떻게 그날 밤 증거와 범인을 모두 잡을 수 있을 거라고 장담했는지 쾨스터에게 물었고, 쾨스터는 이렇게 답했다. "그의 걸음걸이가 이전과는 확연히 달랐거든. 평소 허리를 곧게 펴고 꽤나 근엄하게 걷던 사람이 그날따라 유난히 발걸음이 가볍더라고. 게다가 수시로 좌우를 살피기까지 하고 말이야. 그래서 뭔가 눈속임을 할 일이 있다는 걸 알아챈 거지."

실제로 용의자의 걸음걸이를 통해 심리를 파악하는 기술은 FBI 요원들이 사건을 수사할 때 흔히 활용하는 방법이다. 사람은 특정 심리 상태일 때 평소와는 걸음걸이가 달라지는데, 이러한 다름이 그 사람의 빈틈을 드러내기 때문이다. 타인의 심리 상태를 판단하고자 할 때는 상대의 걸음걸이를 관찰해 그의 마음을 들여다볼 필요가 있다. FBI 요원들은 어떻게 타인의 걸음걸이를 관찰해 심리 상태를 살피는지 알아보자.

평소 보폭이 큰 편이던 사람이
갑자기 보폭이 좁아지고 걷는 속도 또한 느려졌다면?

범죄 심리분석관 로버트 K. 레슬러는 말한다. "일반적으로 보폭이 큰 사람은 심신이 건강하고 품행이 바르지만, 승부욕이 강하고 고집이 센 편이기도 하다. 그래서 이런 사람들이 용의자가 되었을 때 갑자기 걸음걸이가 바뀌었다면, 그에게 범행동기가 있다고 의심해볼 수 있다."

그의 말에 따르면 성큼성큼 걷는 습관이 있다는 건 마음에 거리낌이 없다는 뜻으로 그만큼 정직하다고 볼 수 있다. 그러나 이러한 걸음걸이를 가진 사람에게 나타나는 두드러진 특징은 바로 충동적인 면이 있어 일이 자신의 뜻대로 되지 않으면 극단적인 행동을 보일 가능성이 크다는 것이다.

보폭이 큰 사람과 교류할 때는 상대의 심리 변화에 주의를 기울이며 걸음걸이를 자세히 관찰한다. 만약 상대의 걸음걸이에 변화가 생겼다면, 그의 마음이 달라졌다는 뜻이니 그때는 극단적인 상황이 벌어지지 않도록 사전준비를 철저히 한다.

상대를 꿰뚫어 보는 FBI 심리 기술

반대로 보폭이 좁고 걸음이 빠른 사람이
갑자기 보폭을 넓혀 걷는다면?

FBI의 심리훈련담당관 제이슨 하슬렘(Jason Haslem)은 잰걸음을 걷는 사람의 특징으로 급한 성미를 꼽는다. 물론 다리가 짧아 좁은 보폭으로 빠르게 걷기도 하지만, 이런 사람들이 갑자기 큰 보폭으로 걷는다면 이는 마음이 몹시 초조하고 불안하다는 뜻이다. 때문에 FBI 요원들은 평소 잰걸음을 걷는 용의자의 보폭이 범죄를 저지르기 전후로 넓어진 경우, 그에게 분명한 범죄 의사가 있다고 간주한다.

잰걸음을 걷던 사람이 어느 날 갑자기 성큼성큼 걷는다면 그의 분노가 극에 달했을 가능성이 농후하다. 이때는 상대에 대한 경각심을 높여 혹시라도 발생할 수 있는 피해를 예방한다.

신발을 끌며 걷거나 신발 뒤축이 심하게 닳아 있다면?

로버트 K. 레슬러는 "신발을 끌며 걷거나 신발 뒤축이 심하게 닳아 있는 사람 중에는 부정적인 생각이 가득한 사람이 많다. 이런 유형의 용의자들은 질투심이 매우 강한 편이며, 실제로도 그들이 저지르는 범죄의 다수는 질투심에서 기인한다"라고 말한다.

일반적으로 이런 사람들은 삶에 소극적이며, 적은 노력으로 많은 보답을 얻길 바란다고 FBI는 지적한다. 따라서 이들의 걸음걸이에 변화가 생겼다면 이는 주변 사람, 특히 자신과 가장 가까운 관계이면서 자신보다 성공한 사람에게 해코지할 가능성이 매우 크다는 뜻으로 해석할 수 있다. 주변에 이러한 유형의 사람이 있다면, 그리고 그의 걸음걸이가 평소와 다르다면 미리 조심하는 것이 좋다.

걸음걸이가 불규칙하다면?

제이슨 하슬렘은 걸음걸이가 불규칙한 용의자들에게서 관찰되는 공통점이 있다고 지적한다. 그것은 바로 그들이 비교적 신경질적이며, 반항적인 성격을 가졌다는 점이다. 이들은 보통 자신과 가장 가까운 사람에게 상당한 적대감이 있어 그들을 범죄의 대상으로 삼는 경우가 많다는 것이 그의 설명이다.

일반적으로 걸음걸이가 불규칙한 사람은 누군가 자신을 독촉하고 구속하는 것을 못 견디며, 자신이 하는 일은 항상 옳다고 생각하는 경향이 있다. 그래서 누군가 반대되는 의견을 제시하기라도 하면 금세 짜증을 부리고, 심지어는 매우 극단적인 행동으로 주변 사람에게 막대한 피해를 주기도 한다. 평소 걸음걸이가 불규칙한 사람과 교류할 때는 걸음걸이의 변화를 살피며 경각심을 갖는다.

상대를 꿰뚫어 보는 FBI 심리 기술

평범한 악수에
타인의 내면세계가 숨겨져 있다

　우리는 흔히 상대와 손을 맞잡는 '악수'라는 행위를 통해 서로 우호를 표한다. 그야말로 지극히 평범한 일종의 인사법인 셈이다. 그러나 FBI 요원들은 이렇게 평범한 동작에서도 상대의 내면세계를 파악해 성공적으로 범인을 체포하기도 한다.

　FBI 심리훈련담당관 제이슨 하슬렘의 말을 빌리자면 악수 동작은 상대의 마음을 헤아릴 수 있는 암호해독기와 같다. 사람의 기분에 따라 악수하는 모습이 달라지기 때문이다. 상대가 악수하면서 보이는 태도나 악력의 세기, 기타 행동에서 유용한 정보를 뽑아내는 방법을 익힌다면, 우리도 FBI처럼 상대의 심리 상태를 파악해 자신이 원하는 방향으로 상대의 마음을 움직일 수 있다.

1981년 가을, FBI의 한 요원이 임무를 수행하던 중 발사한 총탄에 당시 소련의 한 특수요원이 명중 당하는 사건이 벌어졌다. 그때만 해도 양국 요원 간의 마찰이 워낙 잦아 피해를 본 쪽이 벙어리 냉가슴 앓듯 할 수밖에 없던 시절이었다. 그러나 소련의 정보부처 관계자들에게 이 사건은 일종의 치욕이었고, 도저히 불쾌감을 감출 수 없었던 소련 측은 결국 총탄을 발사한 요원을 암살하기 위해 미국으로 요원 세 명을 파견했다.

같은 해 11월 말, 소련에서 파견한 요원 세 명이 미국 텍사스(Texas)주 북부에 있는 댈러스(Dallas)에 도착했다. 그들의 타깃이 댈러스의 한 인터넷회사에서 세일즈맨으로 신분을 위장해 일하고 있다는 정보를 입수한 터였다.

소련의 세 요원이 본격적으로 행동을 개시한 것은 12월 2일이었다. 그들은 타깃을 암살하기 적당한 장소를 물색하기 위해 먼저 그가 다니는 회사의 주변 환경을 파악하기로 했다. 출발 전, 겨울이면 흔히들 그러하듯 세 사람은 모두 장갑을 챙겼다. 그런데 목적지로 향하던 길에 그들 중 하나가 실수로 그만 장갑 한 짝을 잃어버리고 말았고, 이에 그는 나머지 한 짝도 미련 없이 휴지통에 버렸다.

그들이 목적지에 도착했을 때, 그들의 타깃은 마침 건물 밖으로 나오고 있었다. 세 요원은 평범한 행인인 척하며 상대가 그곳을 떠날 때까지 기다리기로 했다. 그러나 타깃이 그들의 옆을 지나가는 찰나, 공교롭게도 바람이 불어와 세 사람 중 가장 키가 큰 요원의 중절모가 날아갔다.

그런데 이 무슨 운명의 장난인지 다른 누구도 아닌 그들의 타깃이 모자를 주워 키다리 요원에게 돌려주는 것이 아닌가! 그 타깃은 모자를 돌려준 후 친근하게 손을 내밀며 악수를 청했고, 날씨 얘기로 가볍게 인사를 건네고는 이내 택시를 타고 그곳을 떠났다.

그리고 약 30분 후, 세 명의 소련 요원이 암살 장소를 선정하고 막 자리를 떠나려는 순간, 갑자기 FBI 요원들이 나타나 그들을 연행해갔다. 도대체 소련의 요원들은 왜 그토록 허무하게 체포된 것일까? 그것은 바로 그들이 대수롭지 않게 생각했던 악수 때문이었다. 타깃이 그들과 악수를 하다 장갑을 끼지 않은 요원의 손에서 총을 만지는 사람에게서나 볼 수 있는 굳은살을 발견한 것이다. 소련의 특수요원이 자신을 암살하려 한다는 사실을 진즉부터 알고 있었던 그는, 결정적으로 악수를 하던 상대에게서 미세한 손 떨림이 느껴지자 그들이 바로 자신을 죽이러 온 요원임을 확신했다.

평범해 보이는 악수 한 번이 소련 측의 작전 실패로 이어진 것이다. 우리가 이 사건에서 주목해야 할 점은 악수가 그저 단순한 신체 접촉이 아닌, 한 사람의 심리 변화를 나타내는 몸짓 언어라는 사실이다. 그런 까닭에 《나의 FBI(MY FBI)》의 저자이자 전 FBI 국장 루이스 프리(Louis J. Freeh)는 이렇게 말했다. "누군가와 악수할 때는 상대의 감정 변화에 주의해야 한다. 악수에 드러나는 보디랭귀지는, 상대의 심리를 읽어 자신이 원하는 정보를 얻을 수 있는 요소다."

악수가 얼마나 중요한 몸짓 언어인지는 미연방수사국의 심리훈련교재에 실려 있는 사례를 봐도 알 수 있다.

1987년, 자국으로 되돌아가던 리비아의 상업용 선박 한 척이 이라크 해군에게 요격을 당하는 사건이 있었다. 당시 이라크 해군은 리비아의 이 선박을 강제 억류했는데, 이라크 외교부가 밝힌 억류 이유는 '리비아의 상업용 선박에 이라크 반군이 숨어 있다'라는 것이었다.

이 소식을 들은 리비아 정부는 크게 분노하며 밤낮으로 사건분석에 매달렸다. 이라크 정부가 그들의 산업기밀을 훔치려 이 같은 계략을 꾸몄다고 생각했기 때문이다. 당시 리비아 정부는 이라크로 진격하기 위한 작전을 세울 정도로 매우 강경한 태도를 보였다.

한편, 이라크 정부는 자국으로 선박을 나포해 조사를 진행했다. 그러나 리비아의 선박 그 어디에서도 이라크 반군의 흔적은 찾아볼 수 없었다. 결국 조사는 아무 수확 없이 마무리되었고, 그제야 문제의 심각성을 인지한 이라크 정부는 즉시 리비아 정부에 사과편지를

상대를 꿰뚫어 보는 FBI 심리 기술

보냈다. 이라크 외교부도 리비아 외교부에 연락을 취해 어떻게 이 사건을 해결할지를 논의하며 발 빠르게 수습에 나섰다.

　그 결과 곧 양국의 회담이 성사되었고, 얼굴을 마주한 양국의 대표들은 전통예절에 따라 악수를 나눴다. 이 과정에서 이라크 외교부 장관은 오른손 손바닥을 비스듬히 위로 향하도록 하여 사건 해결과 리비아 측의 용서를 바라는 자신의 진심을 드러냈다. 물론 리비아 외교부 장관은 이라크 외교부 장관이 내민 손을 통해 이라크 측의 진정성을 느낄 수 있었다. 이에 그 역시 맞잡은 손에 힘을 실으며 양국의 대표는 그렇게 조금 긴 악수를 나눴다. 양측 모두가 서로의 진심을 느껴서인지 회담은 매우 우호적인 분위기 속에 진행되었다. 그 결과 이라크가 리비아에 사과하고, 선박 억류로 발생한 경제적 손실을 배상하기로 합의했다. 자칫 무력충돌이 발생할 수 있었던 사건은 이렇게 원만히 해결되었다.

　이는 간단하지만, 진심이 담긴 악수에 무력충돌과 전쟁의 위기를 해소할 만한 힘이 있으며, 그 힘은 바로 악수와 같은 동작에 담긴 몸짓 언어에서 비롯되었다는 것을 보여준다. 실제로 세상의 모든 사람은 몸짓 언어에 자신의 내면세계를 반영하는데, 이는 사람과 사람 사이의 원활한 소통을 이끄는 윤활유가 되기도 한다.

　다시 말해서 우리가 FBI 요원처럼 악수를 통해 상대의 마음을 읽을 줄 알게 되면, 상대의 심리를 조종해 자신의 목적을 실현할 수도 있다는 얘기다. 그렇다면 FBI 요원들은 어떻게 악수를 나누는 그 짧은 시간에 상대의 마음을 읽을까.

힘주어 악수하는 사람

FBI 전 국장대행 루이스 패트릭 그레이(Louis Patrick Grey)는 말했다. "힘주어 악수하는 사람은 악수를 나누는 그 순간 상대가 자신의 진심을 알아줬으면 하고 바라는 경우가 많다. 이런 사람들은 대개 성격이 명랑하고, 자신감이 넘치는 편이라 타인과 교류하는 데 능하다."

그러나 평소 습관적으로 힘주어 악수하는 사람에게는 자신감이 지나치다는 단점이 있다. 한마디로 항상 자기중심적이어서 자신의 욕망을 거침없이 드러내야 직성이 풀리는 강한 성격의 소유자인 셈이다. 이런 유형의 사람과 교류할 때는 절대 상대의 기세에 압도되지 말고, 되도록 자신의 입장을 견지하되, 원만한 협력관계를 유지하는 선에서 자신의 이익을 도모한다.

힘없이 악수하는 사람

심리훈련담당관 제이슨 하슬렘은 악수할 때 악력이 약한 사람을 호불호가 분명하지만, 성격은 유순한 사람으로 분류한다. 그의 말에 따르면 이러한 유형의 사람들은 모순덩어리와 같아서 자신의 희로애락을 얼굴에 드러내지만 그 표현 방식이 매우 함축적이다. 대개 예민한 편이기도 한데, 예민함이 발동되려는 순간 참아야 한다고 스스로 일깨우기 때문에 자신의 진짜 감정을 쉬이 드러내지 않는다. 또한 승부욕이 없고, 나서는 것을 좋아하지 않아 다른 사람과 어울릴 때는 대체로 상대를 포용하는 편이다.

이 밖에도 악수할 때 악력이 약한 사람에게 공통적으로 나타나는 특징이 있다. 주변 사람들과 두루 원만한 관계를 유지하긴 해도 그중에서 정말 가까운 사이는 몇 명 되지 않는다는 점이다. 다른 사람이 자신의 내면세계에 쉽게 발을 들이도록 허락하지 않기 때문인데, 이는 자신의 가족에게도 예외가 아니다. 무엇보다도 이들에겐 자신감이 부족하다. 겉으로는 자신만만해 보이지만 실제로는 마음이 매우 여리다. 이런 유형의 사람과 교류할 때는 자신감을 갖고 그들을 이끌 수 있어야 한다. 그래야 그들의 심리를 조종할 수 있다.

악수 후 손을 잡고 놓지 않는 사람

루이스 패트릭 그레이의 말에 따르면 악수 후 손을 꼭 잡고 놓지 않는 사람은 일반적으로 충직하다. 이들은 감정이 풍부한 편으로 호불호가 분명하며, 남에게 상냥하다. 누군가 이들에게 하소연을 늘어놓는다면, 이들은 최고의 리스너(listener)가 되어주고 참고

할 만한 조언도 해준다. 그러나 이들은 상냥하지만 예민하기도 해서 외부 요인에 쉽게 영향을 받는다. 특히 도움이 필요한 사람을 만나면 금세 측은지심을 느껴 최선을 다해 그를 도우려고 한다. 그들에게 남을 돕는 일은 곧 자신을 돕는 일이기 때문이다.

이런 유형의 사람들은 용의주도한 성격으로 자신 앞에서 잔머리를 굴리는 사람을 좋아하지 않는다. 따라서 이런 사람들과 교류할 때는 상대가 나를 경솔한 사람으로 생각하지 않게 신중히 행동한다.

먼저 악수를 청하는 사람

로버트 K. 레슬러는 먼저 악수를 청하는 사람들 대부분이 시원시원한 성격을 가졌다고 말한다. 이들은 상대의 신분이나 지위에 상관없이 먼저 손을 내미는데, 겉으로는 상당히 열정적으로 보이지만 사실 꼭 그렇지만은 않다고 설명한다.

이들은 대부분 매우 이해타산적이어서 개인의 이익을 중시하며 작은 손해에도 연연한다. 그러므로 먼저 악수를 청하는 사람과 교류할 때는 특히 신중해야 한다. 작은 이익 때문에 그들과의 사이가 틀어질 수도 있으니 말이다.

상대를 꿰뚫어 보는 FBI 심리 기술

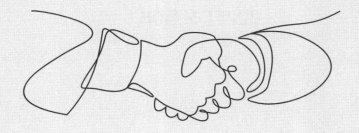

평범한 악수에도 상대의 심리 상태가 반영된다.

악수 동작은 상대의 마음을 헤아릴 수 있는 암호해독기와 같다.

상대가 악수하면서 보이는 태도나 악력의 세기,

기타 행동을 유심히 살펴보자.

발은
입보다 정직하다

　일상생활이나 직장생활을 하면서 아마 누구나 한번쯤 경험해봤을 것이다. 배알이 뒤틀리는 상황을 만났을 때 치밀어 오르는 부아에 발만 동동 굴러본 경험, 기분 좋은 일이 생겼을 때 폴짝폴짝 뛰어본 경험 말이다. 그런 까닭에 FBI의 심리 전문가들은 한 사람의 심리 상태와 성격적 특징이 뚜렷하게 반영되는 신체 부위가 바로 발이라며, 타인의 마음을 움직이려면 먼저 그 사람의 발동작부터 관찰하라고 입을 모은다.

　로버트 K. 레슬러 역시 발동작 관찰을 중요하게 생각한 사람 중한 명이다. 그는 발이 인체의 말단 부위로 머리와 가장 멀리 떨어져 있지만, 발에 반영된 정보의 신뢰도는 그 어떤 신체 부위에도 뒤지지 않는다고 말한다. FBI 요원들이 용의자를 심문할 때나 사건을 수사할 때 항상 상대의 발동작 변화에 주목하는 이유도 여기에 있다. 한마디로 발동작이 사건 해결에 중요한 단서를 제공해주는 셈이다. FBI 요원들의 말을 그대로 옮기자면 이렇다.

"나는 당신이 무슨 생각을 하는지 알고 있습니다. 당신의 발은 입보다 훨씬 정직하거든요."

1997년 4월 21일 16시, 중년 남성 두 명이 플로리다(Florida)주의 한 교도소를 찾았다. 그들이 서둘러 들어간 곳은 창문이 없는 취조실이었다. FBI의 선임요원인 이 두 사람의 이름은 데이먼과 찰머스로, 리키 칼린스라는 살인사건 용의자를 심문하러 온 것이다.

데이먼과 찰머스가 취조실에 들어가고 5분 후, 두 경찰의 손에 이끌려 리키 칼린스가 들어왔다. 고상한 외모에 대학교수 이력을 가진 그는 두 수사관을 보고도 침착함을 유지했다. 어쨌든 이런 심문이 처음은 아니었으니까. 그는 요원들을 꽤나 애먹이는 용의자였다. 똑똑한 머리로 자신이 이번 사건과 무관함을 보여줄 증거들을 충분히 마련해놓은 데다, 지문이 남아 있지 않은 범행 도구를 제외하고 거의 모든 단서를 은닉했기 때문이다.

심문에 앞서 데이먼과 찰머스는 자신들이 이번 살인사건을 담당한 FBI의 선임요원임을 밝혔다. FBI 선임요원이라는 신분으로 리키 칼린스에게 심리적 부담을 안김으로써 그가 실수로 단서를 흘리게 하려는 의도가 숨어 있는 행동이었다.

그러나 정신력이 강한 리키 칼린스는 두 사람의 신분에 조금도 겁을 먹지 않았다. 그렇게 몇 시간 심문이 이어졌고, 그는 자신에게 불리한 정보를 단 하나도 흘리지 않았다. 오히려 어이없어하는 두 FBI 선임요원의 얼굴을 보며 매우 흡족해했다.

"당신이 정말 범인이라면 왜 총을 사용하지 않았을까요?"

리키 칼린스가 잠깐 방심한 사이 찰머스는 이렇게 물었고, 뒤이어 이와 유사한 질문을 연달아 던졌다.

"당신이 정말 범인이라면 왜 칼을 사용하지 않았을까요?"

"당신이 정말 범인이라면 왜 망치를 사용하지 않았을까요?"

"당신이 정말 범인이라면 왜 몽둥이를 사용하지 않았을까요?"

"당신이 정말 범인이라면 왜 삽을 사용하지 않았을까요?"

찰머스가 언급한 것 중 범행 도구는 바로 삽이었는데, 이는 모두가 알고 있는 사실이었다. 그런데 찰머스는 삽을 언급한 후 더는 질문하지 않고 이렇게 말했다.

"더는 변명할 필요 없습니다. 당신이 바로 삽을 들고 범행을 저지른 그 개자식이니까요."

그랬다. 찰머스는 이미 리키 칼린스가 진범임을 확인한 후였다.

이전 질문에는 별다른 움직임을 보이지 않았던 그가 '삽'에 대한 질문을 받자 발의 자세를 바꾼 후 대답했던 것이다. 결국 그의 발은 그를 배신했고, 경험이 풍부한 찰머스는 그 안에 숨어 있는 정보를 놓치지 않고 포착해 리키 칼린스가 범인임을 밝혀냈다.

즉, 찰머스와 데이먼이 사건 해결이라는 쾌거를 이룬 데는 리키 칼린스를 유력한 용의자로 지목하고 취조하는 과정에서 그의 발동작 하나도 놓치지 않고 살펴 끝내 단서를 찾아낸 FBI의 집요함이 있었다.

우리는 보통 사람을 만날 때 상대의 상반신에 시선을 둔다. 이는 사람이 가진 일종의 시각적 습관이자 타인에 대한 존중이기도 하다. 하지만 그런 까닭에 상대의 상반신을 제외한 다른 부위, 그중에서도 특히 발에 주의를 기울이는 경우는 매우 드물다. 그런데 FBI는 사람들의 이러한 보편적 특징을 역으로 이용해왔다. 즉, 발이 사람들에게 좀처럼 주목을 받지 않는 부위이기 때문에 신체의 어떤 부위보다도 더 풍부한 감정 변화를 전달한다는 사실에 주목하고, 용의자의 발을 관찰해 유용한 정보를 얻었다.

위의 사례에서도 알 수 있듯이 거짓말을 하는 사람은 딴청을 부려 자신의 거짓말을 숨기려 한다. 그러나 아무리 동작을 꾸며 다른 사람의 의심을 피하려 해도 그들의 발은 꽤 정직하게 진실을 이야기한다.

로버트 K. 레슬러가 다음과 같은 실험을 한 적이 있다. 두 사람을 각각 다른 환경에 데려다 놓고 지금 환경이 마음에 드느냐는 질문을 했다. 그렇다고 대답하면 2,000달러를 지급하겠다고 말한 것이다. 물론 실험 참가자들의 반응을 살피기 위한 '낚시성' 질문이었다. 예상대로 첫 번째로 질문을 받은 피실험자는 지금의 환경이 아주 마음에 든다고 답했다. 그는 질문을 받았을 때 평온한 모습으로 조리 있게 대답했으며, 자잘한 동작도 보이지 않았다. 무엇보다도 그의 발은 줄곧 변함없이 한 자세를 유지했다. 한편, 두 번째로 질문을 받은 사람 역시 지금의 환경이 아주 마음에 든다고 말했다. 그러나 이 피실험자는 딴청을 부리며 자신의 마음속 불안을 감추려 했고, 질문과 답이 오가는 그 짧은 시간에 몇 번이나 발동작을 바꿨다.

이후 로버트 K. 레슬러는 두 번째 피실험자를 불러 그가 거짓말을 했다는 사실을 안다고 말했고, 피실험자는 매우 당혹스러워했다. 이에 레슬러는 자초지종을 설명하며 이렇게 말했다. "대답하면서 끊임없이 발을 움직였는데, 이는 당신의 마음이 매우 불안하다는 증거입니다. 게다가 표정도 아주 어색했죠. 그래서 그쪽이 거짓말을 했다고 판단할 수 있었습니다."

이렇듯 한 사람의 발이 전달하는 정보에 충분한 참고 가치가 있음을 깨달은 FBI는 100여 년의 경험과 연구 결과를 기반으로 발동

상대를 꿰뚫어 보는 FBI 심리 기술

작의 변화로 알 수 있는 사람의 심리와 성격적 특징을 다음과 같이
정리했다.

서 있을 때 습관적으로 발끝이
바깥쪽으로 향하는 팔자자세를 취하는 사람

레슬러의 말에 따르면 서 있을 때 습관적으로 발끝이 바깥쪽으
로 향하는 팔자자세를 취하는 사람은 어느 정도 사회적 지위를 가
진 경우가 많다. 기업의 CEO나 기관의 관리자 등에게서 주로 이 같
은 습관을 찾아볼 수 있는데, 특히 부하직원과 이야기할 때 흔히 볼
수 있는 동작이다. 이러한 유형의 사람들은 대부분 자신감이 넘치
며 카리스마가 있다.

한편으로는 매우 고압적이어서 명령조로 말하는 것을 좋아하기
도 한다. 일반적으로 이 유형에는 여성보다 남성의 비중이 높다. 남
성들이 강하게 보이고 싶은 욕구에 자신도 모르게 이러한 자세를
취할 때가 많기 때문이다.

서 있을 때 습관적으로 한 발을 뒤로,
한 발을 앞으로 한 자세를 취하는 사람

레슬러는 한 발을 뒤로, 한 발을 앞으로 한 자세로 서 있길 좋아
하는 사람을 심리적 안정감이 매우 부족한 사람으로 분류한다. 즉,

마음의 긴장을 완화하려고 일부러 이런 자세를 취한다는 것이다. 일반적으로 이런 유형은 성격이 내향적이고, 타인과의 소통을 그다지 즐기지 않는다. 물론 남에게 자신의 진짜 생각을 꺼내놓는 일도 좀처럼 없다. 그들의 마음 한구석에 타인에 대한 경계심이 강하게 자리하고 있어서다.

그들이 이 같은 성격을 갖게 된 데는 성장환경이 좋지 않아서일 때가 많다. 그런 까닭에 다른 사람과 교류할 때면 항상 한 발을 뒤로, 한 발을 앞으로 하는 자세를 취해 공간적으로 상대보다 우위를 점하고 있다고 느낌으로써 마음의 안정감을 찾으려 한다.

자리에 앉을 때 손을 한쪽 무릎 위에 올려놓고, 다른 한 발에 몸의 중심을 두는 사람

레슬러는 자리에 앉을 때 손을 한쪽 무릎 위에 올려놓고, 다른 한 발에 몸의 중심을 두는 사람을 기가 세고, 단호한 사람으로 분류한다. 이들은 보통 이 같은 자세를 통해 "난 이미 이야기를 할 준비가 되어 있어"라는 신호를 전달하는데, 업무효율을 매우 중시하고, 시간 낭비를 싫어하는 그들의 성격이 고스란히 반영된 자세다. 그래서 이들은 매우 결단력이 있고, 맺고 끊음이 확실하다는 인상을 준다.

한편, 이야기 도중 상대가 손을 한쪽 무릎 위에 올려놓고, 다른 한 발에 몸의 중심을 두었다면, 이는 그에게 이야기를 이어갈 인내

상대를 꿰뚫어 보는 FBI 심리 기술

심이 바닥났으며, 곧 자리를 떠나겠다는 뜻으로 해석할 수 있다.

습관적으로 양발을 왔다 갔다 흔드는 사람

양발을 앞뒤로 흔들기 좋아하는 사람은 보통 마음이 들떠 있으며, 일 처리에 신중하지 못하고, 처세에 서툰 편이라고 레슬러는 말한다. 이러한 유형의 사람들은 성공의 기쁨을 맛볼 때면 어김없이 자신의 양발을 흔든다는 특징이 있다. 그것도 아주 리듬감 있게 말이다. 이들이 양발을 흔들며 드러내는 기쁨에는 다른 그 어떤 요소도 섞여 있지 않다. 즉, 그들이 발을 흔드는 것은 순전히 자신의 기쁨을 다른 사람에게 전달하는 동시에 스스로 만족감을 얻기 위한 행동일 뿐이다. 그런 까닭에 이들은 남들에게 '어른아이'로 비춰지기도 한다.

레슬러는 양발을 흔드는 습관을 통해 그 사람이 삶에 불만이 있는지 없는지도 파악할 수 있다고 말한다. 실제로 양발을 전혀 흔들지 않는 사람들 중에서 장애인과 도박사를 제외한 대부분이 자신의 삶에 불만이 있는 것으로 드러났다.

요컨대 레슬러는 당시의 상황과 발동작을 통해 상대의 심리 변화를 알아채면, 상대의 기분을 정확히 파악해 그 심리까지도 조종할 수 있다고 본다.

웃음에서
심리 변화를 엿볼 수 있다

　웃는 얼굴은 따뜻함과 기분 좋은 에너지를 느끼게 한다. 그렇다고 해서 모든 웃음이 편안함을 느끼게 한다고는 말할 수 없다. 조소(嘲笑), 비소(誹笑), 냉소(冷笑) 등과 같이 불쾌감을 주는 웃음도 있기 때문이다. 심리학자들의 해석에 따르면 웃음은 인간 사회에 보편적으로 존재하는 하나의 표정이다. 또한 심리 변화를 가장 직접 드러내는 표현 방식이자, 인간이 태어날 때부터 지닌 몸짓 언어로 보통은 외부 환경의 자극을 받았을 때 수반된다.

　FBI 요원들이 사건을 수사할 때면 으레 용의자의 웃는 얼굴을 자세히 살피는 이유도 바로 여기에 있다. FBI 범죄 심리 전문가 샐

린저(Salinger)는 이렇게 말한다. "참으로 다양한 유형의 용의자들이 있고, 그들 모두 일반 사람과 다름없이 웃는다. 그러나 웃는 얼굴엔 사람의 심리 변화가 고스란히 드러나기 때문에 이를 유심히 살피면 용의자들의 범죄 동기를 밝히는 데 단서가 될 만한 것들을 찾을 수 있다."

이에 관해 FBI의 심리훈련교재에도 실린 유명 사례를 살펴보자.

월스트리트(Wall street)의 한 유명투자은행에서 한 달 동안 수차례 현금이 분실되면서 총 1,000만 달러가 넘는 손실이 생긴 사건이 발생했다. 해당 투자은행의 은행장이 FBI에 적극 협조해 은행의 금고며 업무상의 현금거래 내역을 모두 살펴보았지만 사건 해결의 실마리는 전혀 보이지 않았다. 은행의 업무명세서를 하나하나 조사해봐도 이상한 점이 없기는 마찬가지였다. 아무래도 은행의 전산 데이터 조작이 의심되는 상황이었다.

FBI는 은행장에게 모든 관리자를 소집해달라고 부탁해 그들을 일대일로 탐문하기 시작했다. 하지만 사건의 돌파구가 되어줄 단서는 어디에도 없었다. 속수무책으로 수사를 끝내야 하나 싶던 순간, 은행장이 중요한 단서를 제공했다. 약 보름 전에 폴이라는 기사가 와서 은행의 데이터시스템을 점검하고 업데이트를 진행한 사실을 알린 것이다.

FBI 특수요원은 즉시 해당 기사를 불러 심문했다. 물론 이 기사는 끝까지 오리발을 내밀며 자신이 범인이라는 사실을 한사코 부인했다. 그러나 FBI 요원이 그의 결백함을 거의 믿을 뻔한 순간 그의 입가에 업신여김의 냉소가 어렸고, FBI 요원은 이를 놓치지 않았다. 요원은 상사를 설득해 해당 기사에게 강도 높은 심문을 이어갔고, 결국 압박감을 이기지 못한 기사는 자신이 현금절도사건의 진범임을 실토했다.

이는 잠깐 스친 냉소도 사건을 해결하는 단서가 될 수 있음을 보여준 전형적인 사례. 상대의 웃음 뒤에 감춰진 생각을 읽어낼 줄 알면 이를 활용해 얼마든지 우리가 원하는 바를 이룰 수 있다.

FBI의 콜먼 수사관이 시내 번화가에서 일어난 방화미수사건을 조사할 때 일이다. 피의자는 겨우 열두 살 난 중학생(미국에서는 11~14세까지 아동이 중학교에 다님 – 옮긴이)이었다. 콜먼이 왜 번화가에 불을 지르려고 했는지 묻자 소년은 참으로 안타까운 답을 내놓았다.
"저는 외톨이예요. 부모님과 같이 살지 않아요. 그래서 번화가에 불을 지르려고 했어요. 혹시나 부모님이 저를 보러 오실지도 모르니까요."
이에 콜먼은 소년의 얼굴을 쓰다듬으며 물었다.

"아빠, 엄마가 널 보러 오지 않으시니?"

"제가 어렸을 때는 자주 보러 오셨어요. 일주일에 한 번은 만날 수 있었으니까요. 그럼 함께 놀이공원에 놀러 가기도 했는데 저는 워터슬라이드가 제일 좋았어요. 진짜 재미있거든요."

소년의 얼굴에는 행복한 미소가 번졌고, 이를 본 콜먼은 소년의 말이 거짓이 아니라고 판단했다.

"그 후로는 어땠니?"

콜먼이 이어서 질문을 던지자 소년은 대답했다.

"이후 부모님이 커피숍을 차리시면서 집으로 돌아오는 횟수가 점점 줄어들기 시작했어요. 가게를 갓 열었을 땐 그래도 몇 주에 한 번은 저를 보러 오셨는데, 그 후로는 보모에게 절 맡기고 전화만 하셨어요. 부모님이 정말 보고 싶어 전화로 말씀을 드렸지만 처음 몇 번은 보러 오시더니 나중엔 다음에, 다음에 하시더라고요. 젬이라고 친한 친구 집에 놀러 가서 그 친구 부모님과 함께 치킨을 먹을 때면 너무 부러웠어요. 그러다 불을 지르자는 생각을 한 거예요. 제가 감옥에 가면 부모님이 저를 보러 오실 테니까요."

이때 콜먼은 소년의 얼굴에 비친 슬픈 미소를 보고 소년의 진술이 사실임을 확신할 수 있었다.

위의 두 가지 사례는 웃음에 따라 각기 다른 심리가 반영되며, 웃음을 통해 그 사람의 내적 감정의 변화를 직관적으로 이해하고, 그 뒤에 감춰진 진짜 의미를 읽어낼 수 있다는 것을 보여준다.

전 FBI 국장 루이스 프리는 이렇게 말한다. "웃는 얼굴 뒤에는 남 모를 비밀이 감춰져 있고, 그 작은 표정에 다양한 심리 변화가 반영된다." 그만큼 웃음은 참고할 만한 가치가 있다는 뜻이다. FBI가 지난 100여 년간 쌓은 경험과 연구 성과를 통해 웃음에 따라 반영되는 인간의 심리와 성격적 특성을 총정리한 이유도 이 때문이다.

입가에 엷은 웃음을 띠는 사람

프리는 누군가 입을 살짝 오므린 채 웃을 듯 말 듯한 표정을 짓는다면, 이는 그가 열심히 머리를 굴리는 중이거나 안절부절못하는 상태로 해석할 수 있다고 말한다. 사람들은 보통 주도면밀하게 생각을 마쳐야만 어떤 결정을 내릴 수 있을 때 이렇게 엷은 웃음을 띤다. 이는 상대에게 조금 더 생각할 시간이 필요하다는 것을 알리는 일종의 잠재적 거절을 표현하는 것이다.

한편, FBI 요원들은 평소 입을 살짝 오므리고 웃는 버릇이 있는 사람에게 자신의 속마음을 감추려는 경향을 찾아볼 수 있다며, 이는 그들이 그동안 해왔던 말들과 진짜 생각이 어느 정도 차이가 있어서라고 말한다.

그런 까닭에 FBI 요원들은 입가에 엷은 웃음을 띤 사람을 만났을

상대를 꿰뚫어 보는 FBI 심리 기술

때 반드시 경각심을 높여야 한다고 조언한다. 즉, 절대 그들의 애매모호한 말에 속아 넘어가서도, 그들의 입에서 가치 있는 정보를 얻을 수 있을 거라는 믿음을 가져서도 안 되며, 오직 실제 언행을 통해 그들이 하는 말의 진위를 판단해야 한다는 소리다.

거짓 웃음을 짓는 사람

프리는 거짓 웃음을 짓는 사람 중 대부분이 폭력 성향을 보이며, 꿍꿍이속이 있다고 말한다. 습관적으로 거짓 웃음을 짓는 사람은 보통 아부하고 떠받드는 것을 좋아한다. 특히 자신보다 강한 사람에게는 비굴한 태도를 보이는 반면 자신보다 약한 사람에게는 거드름을 피우며 이중적인 태도를 보인다.

이런 사람들은 타인과 교류할 때 매우 교활하고 노련한 모습을 드러낸다. 타인의 일거수일투족을 관찰하고 상대의 심리에 따라 그를 조종한다. 무엇보다도 FBI 요원들이 여러 사건을 해결하며 발견한 사실은 그들이 이러한 미소를 짓는 이유가 그들의 못된 심보 때문이라는 것이다. 이에 FBI 요원들은 거짓 웃음을 짓는 사람을 반드시 경계해야 한다고 경고한다. 그들의 웃음 뒤에는 나쁜 생각이 감춰져 있을 가능성이 크다.

웃을 때 아무 소리도 내지 않는 사람

FBI 자료기록과 요원인 케니 윌슨의 말에 따르면 웃을 때 미소만 짓고 소리를 내지 않는 사람은 보수적이고 신중한 성격이다. 이들은 내향적일 뿐만 아니라 매우 감성적이고 소심해서 외부 환경에 따라 쉽게 생각을 바꾼다. 귀가 얇은 만큼 타인에 의해 기분도 쉽게 영향을 받는다.

무엇보다도 이런 유형의 사람들은 매우 순수해서 세상을 현실판 동화세계로 생각한다. 그들에게는 오직 사랑만 있을 뿐, 악의(惡意)란 존재하지 않으며 고집스럽게 자신의 이러한 생각을 견지한다.

드문드문 어색하게 웃음소리를 내는 사람

프리의 말을 빌리자면 드문드문 어색하게 웃음소리를 내는 사람은 그리 진실하지 않은 편으로, 물질적인 계산이 빠르고 매우 속물적이라는 특징이 있다. 이러한 사람들은 자신이 땀 흘려 일하기보다는 다른 사람에게서 더 많은 이익을 얻어내려고 한다. 그래서 그들의 부자연스러운 웃음소리는 듣는 이를 불편하게 만든다.

이런 유형은 타인과의 관계에서 항상 남의 덕을 보려 하고, 진실성이 부족하다. FBI 요원들은 드문드문 어색하게 웃음소리를 내는 사람과 교류할 때는 그들에게 피해를 보지 않도록 경계심을 높여야 한다고 경고한다.

상대를 꿰뚫어 보는 FBI 심리 기술

웃음은 심리 변화를 가장 직접적으로 드러내는 표현 방식이다.
우리는 웃음을 통해 상대의 내적 감정의 변화를 직관적으로 이해하고,
그 뒤에 감춰진 진짜 의미를 읽어낼 수 있다.

코로 불편한 심기나
괴로움을 표현한다

　신체기관 중 하나인 코는 감정을 전달하는 데 매우 중요한 역할
을 한다. 실제로 세상의 많은 심리학자는 코가 한 사람의 생각과 성
격적 특징을 100% 반영하지는 못하지만, 코의 변화를 통해 사람의
심리를 엿볼 수 있다고 말한다. 문제는 코 자체가 운동기관이 아니
다 보니 사람들은 보통 코에 반영된 정보들을 간과한다는 점이다.
그러나 FBI 요원들은 용의자의 말이 거짓인지 아닌지를 판단하는
중요한 수단으로 코의 변화를 관찰한다.

　FBI의 범죄 심리 전문가이자 《FBI 행동의 심리학: 말보다 정직
한 7가지 몸의 단서》의 저자 조 내버로는 말한다. "사람의 코 주변

에는 많은 신경조직이 있다. 물론 이 신경조직들이 신체의 다른 부위에 비해 민감하지는 않지만, 특정 감정을 느끼면 특유의 변화가 발생한다."

아마 대부분 일상생활 중 억울한 일을 당하거나 성가신 일을 만난 경험이 있을 것이다. 그럴 때 우리는 어떤 반응을 보이는가? 억울함에 눈물을 흘리며 코를 벌름거리거나, 밀려오는 짜증에 코로 한껏 숨을 들이쉬며 '푸, 푸' 소리를 내지 않았던가! 이렇듯 우리는 코로 괴로움과 불편한 심기를 표현한다.

그럼 FBI 심리훈련교재에 실린 유명 사례를 살펴보자.

전역한 한 미국 군인이 캐나다의 수도 오타와로 향하는 비행기에 탑승했다가 한 승무원에게 마음을 빼앗겼다. 그는 이 승무원의 관심을 끌기 위해 커피를 달라, 주스를 달라, 쉴 새 없이 그녀에게 요구사항을 늘어놓았다. 물론 그 승무원은 인내심을 발휘하며 불평 한마디 없이 예의 바르게 요구사항을 들어주었다.

비행기가 착륙하자 이 전역한 군인은 공항 통로에서 그 승무원을 붙잡아 이야기했다. 그는 자신의 남자다움을 어필하기 위해 연신 담배를 피워댔다. 멋지게 담배를 피우는 모습으로 승무원의 마음을 얻고자 한 것이다.

전역한 군인은 이렇게 하면 승무원의 마음을 얻을 수 있을 거로 생각했지만, 그녀는 손으로 자신의 코를 막았다. 전역한 군인은 그녀의 이러한 동작은 물론 그녀가 싫어하는 표정을 짓고 있음을 전혀 눈치채지 못하고 이렇게 물었다. "제가 담배 피우는 모습 멋있죠?" 승무원은 아무 대꾸 없이 뒤돌아서 가버렸다.

승무원은 담배를 피우는 전역 군인의 모습에 반감을 느껴 손으로 자신의 코를 막음으로써 싫은 내색을 감추려 했다는 사실을 알수 있다. 그러나 전역 군인은 이를 조금도 눈치채지 못하고, 해서는 안 될 행동을 계속하고 말았다. 우리가 왜 상대의 코에 주의를 기울여야 하는지를 보여주는 아주 좋은 예다. 상대의 코를 통해 그 사람의 심리 변화를 읽어낼 줄 알면 그에 따라 유연한 대처가 가능하고, 더 나아가 자신의 목적을 이룰 수 있다.

FBI는 지난 100여 년의 경험과 연구 결과를 통해 코에 반영되는 심리와 성격적 특성을 어떻게 분류하고 있는지 알아보자.

대화 중 끊임없이 코를 벌름거리는 사람

범죄 심리 전문가 조 내버로는 대화를 나누면서 끊임없이 코를 벌름거리는 사람들 대부분은 속이 깊다고 말한다. 이들은 보통 성실하게 일하며, 자신이 좋아하는 일을 다른 사람과 함께하고 싶어 하는 경향이 있다.

상대를 꿰뚫어 보는 FBI 심리 기술

그러나 이들에게는 자신감과 안정감이 부족하다. 예를 들면 낯선 환경에서 극도로 조심스러운 모습을 보이고 끊임없이 코를 벌름대며 마음의 불안을 드러낸다. 한편, 낯선 사람과 이야기할 때는 나지막이 목소리를 낮추고 심지어 비음을 내기도 한다. 이들에게 낯선 사람과 만나는 일은 자신의 약점을 드러내지 않도록 경계해야 하는 과정이기 때문이다.

FBI 요원들은 대화 중 끊임없이 코를 벌름대는 사람과 교류할 때는 상대에게 믿음을 주는 것이 먼저라고 조언한다. 그렇지 않으면 대화를 이어나가기 어려울 뿐만 아니라 일을 그르칠 수도 있어서다.

대화 중 자주 코를 만지는 사람

FBI의 선임수사관 앙투안 카디날의 말에 따르면 대화 중 자주 코를 만지는 사람 중에는 야심가가 많다. 코를 만짐으로써 자신의 진짜 속마음을 숨기려 한다는 것이다. 이들은 일반적으로 모험을 즐기며, 모험이야말로 자신의 야심을 실현하는 가장 좋은 방법이라고 생각하는 경향이 있다.

또한, 이들은 대부분 꿍꿍이속이 있어, 때때로 극단적인 일을 벌이기도 한다. 예를 들어 1988년 FBI가 시애틀(Seattle)에서 체포한 한 범죄자는 4년 동안 일곱 명의 소녀를 살해했는데, 그가 범행을 자백하면서 수사관을 무척이나 당황하게 만든 말이 있다. 그의 말은 이랬다. "내 취미는 코를 만지는 거예요. 특히 금붕어나 토끼처럼 작은 동물을 죽인 후 코를 만지면 강렬한 쾌감이 들죠. 그래서 사람을 죽인 후 코를 만지면 어떨까 생각하게 됐고, 상대적으로 반항하는 힘이 약한 소녀들을 범행 대상으로 삼기로 한 겁니다. 그런데 역시나 짜릿하더군요."

그런 까닭에 FBI 요원들은 대화 중 습관적으로 코를 만지는 사람과 교류할 때는 반드시 상대의 감정 변화에 주의를 기울여야 한다고 조언한다. 상대가 감정을 주체하지 못하는 기미를 보이면 그들을 멀리해 혹시라도 생길 수 있는 피해를 미연에 방지해야 한다.

성미를 관찰하면
그 사람의 성격을 알 수 있다

FBI의 선임수사관 앙투안 카디날은 사람의 성미란 매우 복잡하고 다변적이어서 그저 상대의 성미가 거칠고 급한지, 아니면 온순한지를 느낄 수 있을 뿐, 엄격하게 좋고 나쁨을 따질 수는 없다고 말한다. 일상생활에서 또는 직장생활에서 사람들은 어떠한 일에 대해 저마다 다른 성미를 드러낸다. 어떤 이는 매우 조급함을 보이는가 하면, 또 어떤 이는 온순함을 드러내기도 한다.

FBI 요원들은 이 같은 사람의 성미에 그 사람의 성격이 드러난다고 본다. 상대의 성미를 관찰해 그 사람의 성격을 판단하면 상대의 심리 변화를 파악할 수 있다고 말한다.

"이름이 어떻게 되시죠?"

"마이애미에 사는 루이스 앤트입니다."

"정확히 주소가 어떻게 됩니까?"

"마이애미 던컨스트리트 388번지 17동 209호입니다."

"11월 23일 새벽 4시에 어디에 계셨죠?"

"아, 그날은 감기 때문에 하루 종일 집에서 잠을 잤습니다."

"병원에는 안 가셨나요?"

"네. 그냥 일반적인 감기인데다 집에 약이 있어서 그걸 먹었거든 요."

"그날 밤에 혼자 집에 있었다는 걸 증명해줄 사람이 있습니까?"

"혼자 있었는데 어떻게 증명해줄 사람이 있겠습니까?"

"그럼 그날 새벽 4시에 대체 어디에 계셨던 거죠?"

"벌써 얘기했잖습니까. 난 정말 아무것도 모르니 더 이상 귀찮게 하지 마세요. 여자 친구와 함께 식사하기로 해서 빨리 돌아가 봐야 한다고요!"

"다시 한 번 묻겠습니다. 그날 새벽 4시에 어디에 계셨죠?"

"이 자식아, 사람 말 못 알아들어? 내가 어딜 봐서 절도범이라는 거야? 제대로 알아보고 질문을 하든지 말든지 하라고! 계속 이런 식으로 나오면 나도 법적으로 내 권리를 행사하겠어."

"아, 난 그저 그날 새벽 4시에 어디에 있었느냐고 물었을 뿐, 당신이 절도범이라고 말한 적이 없는데, 왜 우리가 당신을 절도범으로 의심한다고 생각했죠?"

"그건, 그러니까……."

일련의 질문을 통해 FBI는 루이스 앤트가 바로 절도사건의 주범임을 확신할 수 있었다. 교묘하게 화를 돋우는 FBI 수사관의 질문에 그가 자신의 범행을 인정한 꼴이 되고 말았다. 이렇게 범죄자의 성미를 이용해 단서를 찾는 일은 FBI 수사관에겐 식은 죽 먹기와도 같다.

앙투안 카디날은 말한다. "사람이 성질을 부리는 데에는 반드시 이유가 있다. 아무 때나 화를 내는 사람은 몸이 아픈 경우를 제외하면 모두 마음의 병이 있는 사람이다." 따라서 일상생활이나 직장생활에서 사람의 성미를 통해 그의 심리 변화를 파악할 줄 알면 얼마든지 자신이 목표한 바를 이룰 수 있다.

그럼 FBI가 지난 100여 년의 경험과 연구 결과를 통해 정리한 사람의 성미에 반영된 심리와 성격적 특징에 대해 살펴보자.

좀처럼 화를 잘 내지 않는 사람

FBI 선임수사관 시먼스 스위프트는 말한다. "다른 사람과 논쟁을 벌이지 않고, 화를 잘 내지 않는 사람은 모두 온화한 성격을 가지고 있다. 자신을 낮출 줄 알고 선량한 편이라 남들과 충돌이 발생할 일이 매우 적다. 이런 사람들은 자신이 싫어하는 사람이 있으면 그들을 상대하기보다는 멀리하려는 경향이 있다." 일반적으로 다른 사람과 논쟁을 벌이지 않고, 화를 잘 내지 않는 사람은 마음씨가 따뜻한 경우가 많으며 동정심이 많아 기꺼이 다른 사람을 돕는다.

이러한 유형은 매우 감정적이지만 자신을 잘 통제한다는 특징도 있다. 그래서 감정의 기복이 생기지 않게 자신을 둘러싼 환경을 조성함으로써 자신의 성격적 결함을 감추려고 노력한다.

또한, 이들은 인내심이 뛰어나다. 어떤 일을 하든지 끈기 있게 최선을 다하기 때문에 중도에 포기하는 경우가 거의 없다. 사물에 대한 깊은 견해와 뛰어난 기억력을 자랑하기도 한다.

남들과 논쟁을 벌이는 걸 싫어하고 화를 내는 경우도 드물어 인간관계도 매우 좋은 편이다. 그러나 여기서 주목할 점은 정작 이들이 친한 친구라고 생각하는 사람은 극소수라는 사실이다. 대인관계에서 더 많은 이익을 얻기 위해 마음속으로 주변 사람을 등급 매겨 사회적 지위가 높은 사람하고만 친하게 지내려 하고, 사회적 지위가 낮은 사람과는 일정한 거리를 둔다.

사사건건 논쟁을 벌이길 좋아하고 자주 화를 내는 사람

시먼스 스위프트는 "사사건건 남들과 논쟁을 벌이길 좋아하고,

상대를 꿰뚫어 보는 FBI 심리 기술

자주 화를 내는 사람은 성질이 급하다는 특징이 있다. 그들은 무슨 일이든 속전속결을 원하기 때문에 항상 주변 사람들과 의견 충돌이 일어난다"라고 말한다. 이외에도 이들에겐 탁월한 리더십과 결단력, 통제능력이 있어 항상 우위를 점한다는 특징이 있다. 넘치는 활력과 열정으로 남들보다 빠르게 자신의 능력을 펼칠 기회를 잡기 때문에 다른 사람의 눈에는 항상 '능력자'로 비친다.

이들은 남들이 자신을 얕잡아보는 것을 견디지 못한다. 다른 사람들과 갈등이 생기는 이유도 남들이 자신의 속도를 따라오지 못해서라기보다 자신을 무시하는 행동을 참지 못해서인 경우가 주를 이룬다. FBI 요원들은 이런 사람과 교류할 때는 절대로 상대를 얕잡아봐서는 안 된다고 충고한다. 상대를 충분히 존중해줘야 원만한 관계를 유지할 수 있다면서 말이다.

사사건건 논쟁을 벌이길 좋아하고, 자주 화를 내는 사람은 대개 한입으로 두말하지 않는 스타일로 모든 일에 자신만의 원칙을 고수한다. 이들은 강단도 있고, 야심도 있는 완벽주의자라 한번 목표를 정하면 고집스럽게 목표를 향해 전념한다. 게다가 낙관주의자인 경우가 많아 어려움이나 좌절을 겪어도 포기하지 않고 성공할 때까지 흔들림 없이 나아간다.

온화한 성미인데 사람들과 충돌이 잦은 사람

앙투안 카디날은 온화한 성미를 가지고 있음에도 사람들과 충돌이 잦은 사람에겐 남다른 용기가 있다고 말한다. 어떤 일이든 도전하길 좋아하지만 고집스러운 경향이 있어 남들과 말다툼이 끊이지 않는다는 것이다. 일반적으로 이런 유형은 자존심이 강하다. 자신감과 열정이 대단하지만 일의 순서나 체계를 중요시한다는 특징도 있다. 빙빙 돌려 말하는 사람을 싫어하면서도 정작 자신은 에둘러 말하기의 달인이다. 그래서 FBI 요원들은 이런 사람과 교류할 때는 직설적인 화법을 사용해야 한다고 충고한다.

이 밖에도 이러한 유형의 사람들은 답답한 환경에 대한 적응력이 높다. 물론 답답한 환경에서 일하고, 생활하는 것을 싫어함에도 불구하고 훌륭한 실적을 쌓는다. 또한 뛰어난 리더십을 지녀 조직 내 핵심인물이 되는 경우가 많다. 그래서 다른 사람에게 지시를 내리거나 남들의 부족한 부분을 에둘러 지적하길 좋아한다. 한마디로 남의 비위를 잘 맞추는 '무골호인(無骨好人)'의 탈을 쓰고 있지만, 실제로는 자신의 이익을 무엇보다도 중요하게 여기는 이들이 바로 이 유형에 속한 사람들이다.

욱하는 성미지만 주변 사람들과 잘 지내는 사람

앙투안 카디날은 이런 유형을 매우 정직한 사람으로 분류한다.

직장생활이나 일상생활에서 진심으로 남을 도울 줄 알며, 다른 사람에게 부족한 점을 발견하면 직접적으로 이야기하는 편이다. 다소 직선적인 모습 때문에 초반엔 사람들과 좋은 친구가 되지 못하지만, 알고 지내는 시간이 쌓일수록 좋은 관계를 유지하는 특징이 있다. 이들은 진심으로 다른 사람에게 관심을 기울이기 때문이다. 비록 자주 성질을 부리기는 하지만 이들과 정말로 싸움이 발생하는 경우는 드물다. 이들이 화를 내고, 성질을 부리는 데는 모두 '이유'가 있어서 그에 반박할 만한 충분한 근거를 찾을 수 없기 때문이다. 게다가 이들은 사과하는 데도 적극적이어서 결국 사람들은 이들을 자신의 진정한 친구로 인정하게 된다.

한마디로 이런 유형은 적극적으로 다가가 내 편으로 만들 가치가 있다. 마음씨가 착하고 의리가 있는 만큼 우리에게 좋은 친구가 되어준다.

FBI 심리 기술 2

∞

심리전으로
사람의 마음을 움직인다

FBI 특수요원인 조지프 L. 스콧(Joseph L. Scott)은 말한다. "상대가 누구든 이익을 다투는 과정에선 경쟁심리가 생기기 마련이다. 사람이라면 누구나 자신의 이익을 극대화하길 원하기 때문이다. 이 팽팽한 경쟁은 언제나 한 끗 차이로 결판이 나는데, 바로 누가 상대의 심리 변화를 발 빠르게 파악하느냐이다." 상대의 심리 변화를 파악하는 데 능하면 모든 경쟁에서 승자가 되지는 못하더라도 승률을 높일 수 있다.

자기 이익만 좇다
불리한 결과를 낳는 죄수의 딜레마

　게임이론 중 하나인 '죄수의 딜레마(prisoner's dilemma)'는 개인에게 최선의 선택이 결국 모두에게 불리한 결과를 유발하는 상황을 말한다. FBI 선임수사관 제이슨 스티븐슨의 해석에 따르면 이렇다. "공범의 용의자들이 처음 체포되면 그들은 대개 무죄 석방이라는 목적을 달성하기 위해 서로 입을 다물며 암묵적으로 협력한다. 하지만 경찰이 이들을 따로 분리해 서로 정보를 주고받을 수 없게 되면 상황은 달라진다. 그들 중 한 명이 상대를 배반함으로써 자신의 형기를 줄이려 할 가능성이 생기기 때문이다. 이유는 간단하다. 상대가 나를 배반할지도 모르니 상대가 내게 등을 돌리기 전에 내가 먼저 상대의 범행을 폭로해 감형이라도 받자는 심리가 작용하는 것이다.”

1997년 6월 19일, 뉴저지(New Jersey)주 44번가에 사는 늙은 부자 앤서니가 집안의 귀중품을 모두 도둑맞고, 자택에서 숨진 채 발견되었다. 사흘 후 FBI가 용의자 두 명을 특정했는데, 톰과 잭이었다. 아니나 다를까 톰의 집에서는 피해자 앤서니의 집에서 사라진 물건들이 발견되었다.

물증이 확보된 상황이라 톰과 잭 모두 절도한 사실을 순순히 인정했지만, 앤서니를 살해한 혐의에 대해서는 한사코 부인했다. 그들은 물건을 훔치러 들어갔을 때 이미 앤서니는 살해를 당한 후였다며, 자신들은 그저 그 기회를 틈타 도둑질했을 뿐이라고 주장했다.

이에 FBI 수사관이 꺼내 든 카드는 바로 두 사람을 격리해 각자 취조하는 방법이었다. 이들을 먼저 죄수의 딜레마에 몰아넣은 후, 심리적 경계심을 조금씩 무너뜨릴 계획이었던 것이다.

FBI 수사관은 톰과 잭을 각기 다른 방에 가두고, 그들에게 똑같은 말을 했다.

“당신이 앤서니를 죽이지 않았다면 우린 당신을 절도죄로 기소할 수밖에 없을 테고, 그럼 징역 1년 정도가 구형될 겁니다. 하지만 당신이 공범의 살인죄를 솔직하게 밝혀준다면 연방법에 따라 형량

상대를 꿰뚫어 보는 FBI 심리 기술

을 감경해 1년의 형기가 6개월로 줄어들 수도 있습니다. 반대로 공범이 당신의 범행을 폭로하면 징역 30년을 살게 될 수도 있어요. 끝까지 버티다가 상대에게 배신을 당해 상대는 무죄로 석방되고, 당신은 30년을 감옥에서 보내야 할 수도 있다는 얘기입니다. 물론 두 사람이 서로를 고발한다면, 둘 다 20년 이상의 징역을 살게 되겠지요."

이 말을 들은 톰과 잭은 '계속해서 발뺌할지, 아니면 솔직하게 상대를 고발할지' 진퇴양난에 빠졌다. 물론 당시의 상황을 고려하면 계속해서 발뺌을 하는 것이 그들에겐 가장 좋은 선택임이 분명했다. FBI에겐 그들이 절도를 했다는 증거만 있을 뿐, 살인을 했다는 증거는 없었기 때문이다. 그들이 계속 범행을 잡아떼면 절도죄로 각각 징역 1년을 선고받고 끝날 수도 있는 일이었다. 그러나 톰과 잭은 각자 다른 방에 가둬져 허위진술을 공모할 수 없게 된 순간부터 상대의 전략이 자신에게 어떤 영향을 미칠지 몰라 상대의 입장에서 문제를 생각할 수밖에 없었다.

치열한 심리전은 이제부터였다. 톰과 잭 모두 두뇌 회전이 빠른 편이었기에 FBI가 심리전을 펼치고 있다는 것쯤은 진즉 눈치채고 있었다. 두 사람은 여전히 상대가 범행을 실토할 리 없다고 믿으며 꿈쩍도 하지 않았다.

이런 상황에서 FBI 수사관은 다시 이렇게 말했다.

"지금 절도 행각만 인정하고 살인은 부인하고 있는데 나중에 우리가 살인 증거를 찾게 되면 30년의 징역살이는 물론이고, 수감생활을 하는 동안 힘든 노역까지 하게 될 겁니다. 그런데 두 사람 중누군가가 벌써 침묵을 선택했더군요. 어떻게 해야 형량을 줄일 수있을지 생각 중인 것 같던데, 그 고민이 끝나면 감옥에서 30년 동안힘든 노역을 감당해야 하는 쪽은 아무래도 당신이 될 것 같군요."

이 말을 듣고 톰과 잭은 깊은 고민에 빠지기 시작했다. 상대가 언제든 자신을 배반할 수도 있다는 가능성을 배제하기 어려웠다. 배신을 당할 바에야 지금이라도 솔직하게 상대의 범행을 폭로하는 쪽이 나을 성싶었다. 그러면 자신은 6개월만 징역살이를 하면 될 테니 말이다. 하지만 상대가 자신보다 먼저 실토를 한다면? 30년 동안 감옥에 갇혀 있어야 하는 사람은 자신이 될 것이 불을 보듯 빤했다. 결국 감형을 받으려면 누가 먼저 말을 꺼내느냐가 관건이었다.

톰이 잭의 범행 사실을 밝히기로 결심한 순간, 잭 역시 같은 결정을 내렸다. 죄수의 딜레마에 빠진 그들이 끝내 상대를 팔아넘기겠다는 선택을 한 것이다. 그 결과 톰과 잭은 20년 이상의 징역형을 선고받으며 '모두가 손해를 보게 되었다'.

처음 죄수의 딜레마에 빠졌을 때만 해도 살인 혐의를 부인하던 톰과 잭은 결국 서로의 범행을 폭로하는 쪽을 선택해 모두에게 불리한 결과를 낳고 말았다. 서로 개인의 이익만을 고려해 내린 결정이 그들에겐 최악의 선택이 된 셈이다. 죄수의 딜레마에 진퇴양난, 궁지의 뜻을 가진 '딜레마'라는 단어를 사용한 이유가 바로 여기에 있다. 궁지에 몰려 허우적거리던 양측이 결국엔 모두에게 불리한 결과를 초래하기 때문이다. 개인의 이익만을 고려하다 보면, 상대의 이익을 희생해서라도 자신의 이익을 취해야겠다고 생각하게 되고, 이는 끝내 최악의 결과를 불러온다. 한마디로 죄수의 딜레마에 빠졌을 때는 상대에 대한 지나친 의심을 거두고, 서로를 믿으며 협력하는 것이 곧 최선의 선택이라는 뜻이다.

　FBI 선임수사관 제이슨 스티븐슨은 일상생활에서 죄수의 딜레마란 매우 추상적인 개념이지만 개인적으로 또는 사회적으로 이와 유사한 상황은 언제든 발생할 수 있다고 지적한다. 예를 들면 여러 기업이 같은 업종에 뛰어들어 치열한 경쟁을 벌이는 상황이 그러하다. 전체 업종이 거대한 '감옥'에, 그 업종에 참여한 기업들이 '죄수'에 해당하는데, 이러한 상황에서 각 기업이 업계 전체의 이익이 아닌 자신의 이익만을 고려한다면 가격 할인과 같은 방법으로 이윤을 꾀하게 된다. 업계 평균가격을 유지해서는 다른 기업과의 경쟁에서 밀릴지도 모른다는 걱정이 앞서다. 감옥에 갇힌 공범의 죄수들처럼 소비자들을 빼앗기기 전에 자신이 먼저 덤핑을 하는 것이 상책이라고 생각한다.

사실 일생생활에서나 직장생활에서나 진정으로 남을 믿는 것은 거의 불가능하다. 다시 말해서 사람은 누구나 마음 한구석에 죄수의 딜레마를 안고 있는 셈이다. 이익을 다투는 상황이 발생했을 때, 자연스레 상대의 이익을 희생하는 방법으로 자신의 이익을 보호하려 드는 것도 바로 이 때문이다. 그런 까닭에 FBI 요원들은 경쟁 상황에 놓였을 경우 무엇보다도 소통을 강화해 의견을 모으고, 공동의 이익을 실현하는 것이 중요하다고 지적한다. 자, 그럼 FBI가 오랜 경험과 연구를 통해 알아낸, 죄수의 딜레마에서 벗어날 수 있는 필승의 방법을 알아보자.

협력자가 자신을 배반하지 않을 것이란 믿음을 가져야 한다

제이슨 스티븐슨은 죄수의 딜레마에 빠졌을 때 가장 먼저 자기 자신이 아닌 상대를 생각해야 한다며, 자신이 어떻게 해야 상대에게 이익이 될 수 있는지를 고려해야 한다고 강조한다. 만약 죄수의 딜레마에 빠진 모든 사람이 이를 실천에 옮긴다면 진퇴양난의 궁지에서 벗어날 수 있음은 물론, 서로의 이익을 보장할 수 있다.

죄수의 딜레마에 빠졌을 때 서로가 상대를 먼저 생각하고, 협력자와의 약속을 지키기 위해 노력을 기울일 정도가 되려면 결국엔 서로에 대한 신용이 가장 중요하다. 따라서 죄수의 딜레마를 안고도 자신을, 그리고 자신의 이익을 보호하려면 스스로 신용 있는 사람이 되어야 함과 동시에 상대 또한 신용 있는 사람이라고 생각하는 믿음이 필요하다.

흔들림 없는 결심이 필요하다

조 내버로는 죄수의 딜레마에 빠졌을 때 반드시 필요한 것이 바로 '흔들림 없는 결심'이라고 지적한다. 자신의 협력 파트너가 자신을 팔아넘기거나 배신하지 않을 것이라는 굳은 믿음과 함께, 나 역시 상대를 배신하지 않겠다는 결심에 흔들림이 없어야만 죄수의 딜레마에서 벗어날 수 있다.

죄수의 딜레마라는 늪에 빠진 사람이 확고부동한 결심을 가지려면 처음부터 굳건한 신념을 세우는 것이 필수다. 신념은 어떠한 일을 지속해나갈 수 있는 원동력이 되기 때문이다. 실제로 죄수의 딜레마를 이겨낸 사람들은 모두 굳건한 신념의 소유자로 자신은 언제든 성공할 수 있다는 믿음을 잃지 않았다.

가는 말이 고와야 오는 말이 고운
상호성의 법칙

　'상호성의 법칙'이란 A가 B에게 호의를 베풀면, B 역시 A에게 호의를 베풀게 되는 것을 말한다. 쉽게 말해서 가는 정이 고와야 오는 정이 곱다는 말이다. FBI 베테랑 심리 전문가 데니스 리건(Dennis Regan) 교수는 '상호성의 법칙'에 대해 이렇게 말한다. "인간은 7할의 감성과 3할의 이성을 가진 동물이기 때문에 기본적으로 상호 존중과 지지를 토대로 인간관계를 형성한다. 결국 뺏으면 빼앗기고, 베풀면 베풂을 받으며, 의심은 의심으로, 믿음은 믿음으로 돌려받게 된다. 사람 사이의 관계에는 뭐가 되었든 '주는 만큼 돌려받는다'라는 전제가 깔려 있다."

실제로 일상생활에서 누군가 우리를 받아들이고 또 지지를 보내주면 이를 고스란히 갚아야 한다는 일종의 강박에 시달린다. 그렇지 않으면 감정의 균형이 깨질지 모른다는 불안감 때문이다.

찰리 채플린(Charles Chaplin)은 세상에 웃음을 선사한 세계적인 희극배우다. 그는 누구보다도 굴곡진 삶을 살았다. 낡은 중절모를 쓰고, 가느다란 지팡이를 흔들며 할리우드 무대를 누비던 1920년대에 그는 '요주의 인물'로 낙인찍혀 FBI의 감시를 받았다. 그의 작품 대다수가 사회에 대한 신랄한 풍자를 담고 있었는데 이를 연방정부가 곱게 보지 않았던 것이다.

1922년, FBI는 채플린이 창립한 영화제작사에 특수요원 몇 명을 잠입시켰다. 평범한 배우로 가장한 특수요원들은 채플린을 밀착 감시하며 그의 일거수일투족을 보고서로 작성해 감시 임무의 책임자인 FBI 국장 윌리엄 J. 번스에게 전달했다. 요원들이 작성한 보고서에는 다음과 같은 내용이 적혀 있었다. "채플린과 어울리는 사람들 중 대다수가 '볼셰비키(Bolsheviki, 소련공산당의 전신인 러시아사회민주노동당 정통파를 가리키는 말로 과격한 혁명주의자 또는 과격파의 뜻으로도 쓰임 - 옮긴이)'이며, 영화계의 '급진주의자'임. 노동자계층의 혁명을 이끄는 데 영화적인 선전이 얼마나 중요한지에 관심을 두고 있음……."

번스 국장은 이 같은 보고를 받은 후, 채플린에 대한 감시와 조사를 좀 더 철저히 진행하도록 명령했다. 채플린에 대한 조사가 진척을 이루기도 전에 존 애드거 후버가 그의 자리를 대신해 신임 국장이 되었지만, 채플린을 향한 의심은 거둬지지 않았다.

취임 당시 미국의 범죄율이 고공행진을 이어가 FBI의 업무가 넘쳐나고 있었음에도 후버는 채플린에 대한 감시의 고삐를 더욱더 옥죄었다. 결국 채플린도 FBI가 자신을 감시한다는 사실을 눈치챘고, 미국 정부에 대한 불만이 커질수록 사회와 정부 당국을 향한 채플린의 공개적인 풍자는 한층 신랄해졌다. 물론 채플린의 공공연한 비판에 FBI도 가만있지 않았다. 채플린의 활동에 개입해 여러 일들을 취소하기에 이르렀으니 말이다.

당시의 채플린과 FBI는 '상호성의 법칙'에 빠져 FBI가 감시를 강화할수록 채플린의 저항은 거세지고, 채플린이 저항의 세기를 높일수록 FBI의 감시망이 촘촘해지는 악순환을 반복했다. 1941년, FBI는 드디어 채플린의 '꼬투리'를 잡아냈다. 찰리 채플린의 하인으로 일하던 블레이크가 일본의 스파이라는 정황이 포착된 것이다. 블레이크는 20년이 넘도록 채플린을 따르며 채플린의 일상생활을 살폈을 뿐만 아니라 채플린의 영화에서 여러 역할을 연기하기도 했다.

FBI에서 블레이크를 체포했을 때, 그는 일본의 한 스파이조직과 함께 군용지도를 준비 중에 있었다. 지도에는 미국의 주요 해군기지와 군사시설, 대형공장 등이 정확하게 표시되어 있었다. 미일 양국 간의 전쟁이 발발하면 신속하게 타깃들을 공격하기 위한 목적이다. FBI는 블레이크를 체포한 후 그를 심문하는 한편, 그의 체포 소식을 신문 1면에 톱으로 실어 채플린 몰이에 나섰다.

그러나 블레이크에게는 FBI가 모르는 비밀이 있었다. 사실 그는 미국 해군정보부가 일본 스파이조직에 심어놓은 언더커버(비밀리에 하는 첩보활동 – 옮긴이)로, 지난 20여 년 동안 일본 스파이조직에 잠복해 미 해군정보부에 많은 정보를 제공해주었던 것이다. 그가 FBI에 체포되자 미 해군정보부의 업무 중 일부가 엉망이 되었고, 이 일로 FBI 국장 후버는 정부 당국에 호출되어 일 처리 방식에 대해 호되게 쓴소리를 들어야 했다. 하지만 후버는 이에 아랑곳없이 채플린에 대한 감시를 강화했다.

1941년 12월, 일본이 미국 해군기지 진주만을 습격하면서 태평양전쟁이 발발했다. 당시 이미 대스타였던 채플린은 전쟁과 파시즘을 반대하는 데 힘을 모아줄 것을 국민에게 호소하며 파시즘을 규탄하는 활동에 참여했다. 일본에게 제대로 반격을 가하기보다는 국민을 감시하는 데 더 많은 에너지를 소모하는 미국 정부를 공개적으로 비판하기도 했다. 채플린과 FBI의 힘겨루기는 날이 갈수록 심화되어 어느 한쪽도 물러서지 않고 상대를 공격하기에 바빴다.

그 후 1943년에 FBI는 드디어 채플린을 무너뜨릴 기회를 잡는다. 그의 옛 연인이었던 조앤 배리가 FBI에게 빌미를 제공한 것이다. 채플린과 조앤 배리는 한때 사랑하는 사이였다. 그러나 채플린의 명성을 등에 업고 할리우드에 입성한 조앤 배리는 이내 방탕한 생활에 빠져들었고, 이를 두고 볼 수 없었던 채플린은 결국 그녀에게 이별을 선언한다. 하지만 얼마 지나지 않아 다시 채플린을 찾아온 그녀는 그동안 자신의 몸을 취한 대가로 돈을 요구했다. 그녀의 무리한 요구에 채플린은 더 생각할 것도 없이 그녀를 경찰에 신고했다.

같은 해 5월, 조앤 배리가 갑자기 남산만 한 배를 하고 채플린을 찾아와 그의 아이를 임신했다고 주장했다. 뱃속의 아기가 자신의 아이일 수 없다는 사실을 알고 있던 채플린은 조앤 배리의 파렴치함에 분노하며 그녀를 고소했다.

그러나 고소를 당한 쪽은 조앤 배리인데 도리어 채플린이 피해를 볼 줄 누가 알았겠는가! 그랬다. 이 사건의 내막에는 FBI가 있었다. 채플린이 조앤 배리를 고소하자 FBI는 그녀의 무고죄를 조사하기는커녕, 미국 전역을 돌며 채플린을 비방하도록 그녀를 부추겼다. FBI가 이렇게까지 한 이유는 오직 하나! 채플린을 압박해 그가 '정치범'임을 시인받기 위함이었다. 이후 친자 확인 절차를 통해 채플린의 결백이 밝혀졌지만 FBI는 '채플린은 공산당원과 전 인류의 친구'라고 적혀 있는 25년 전의 신문까지 찾아내 그를 공산주의자로 몰았다. 채플린 역시 이에 질세라 '미국에서 가장 파렴치한 조직'이 FBI라며 공개 비난을 서슴지 않았다.

양측 간의 심리게임이 최고조에 달했던 이때 만약 그들이 '상호성의 법칙'을 알았더라면, 그래서 서로 한발씩 물러섰더라면 어땠을까? 미국의 사법부가 FBI의 종용에 못 이겨 1952년 채플린의 추방 명령을 내리는 일도, 양측이 원수가 되는 일도 없었을 것이다.

그 누구도 채플린에게 이런 일이 닥칠 거라고는 예상하지 못했다. 그는 평생을 몸 바쳤던 할리우드의 무대를 비참하게 떠나야 했다. 채플린이 추방당하자 그를 사랑했던 미국 국민과 언론은 FBI를 강력하게 비판하고 나섰고, 하마터면 대규모 시위까지 벌어질 뻔했다.

그로부터 20년 후, 채플린이 오스카 시상식 공로상 수상자로 지명되었을 때도 FBI는 채플린의 입국을 반대했다. 당시 채플린은 스위스에서 거주 중이었는데, 그가 다시 돌아오면 미국에 악영향을 미칠지도 모른다는 이유에서였다. 하지만 여론의 힘으로 로스앤젤레스(Los Angeless)로 돌아와 오스카 공로상을 받을 수 있었다.

로스앤젤레스를 떠나며 채플린은 배웅을 나온 오랜 친구에게 이렇게 말했다. "아직도 할리우드 무대가 그리워. 애초에 나나 FBI나 조금만 서로를 이해하고 양보했다면 모두가 즐거운 결말이 났을지도 모르는데 이렇게 비극이 되어버렸으니 정말 씁쓸하군." 채플린이 떠난 후, 새로 부임한 FBI 책임자 역시 크게 후회하며 말했다. "잘못을 인정하지 않으려다 천재적인 예술가 한 명을 잃었군."

FBI와 찰리 채플린이 '상호성의 법칙'을 활용해 적대적인 감정을 덜어내고 약간의 포용력을 발휘했더라면 이 이야기의 끝은 달라졌을 것이다. 우리의 일상생활에서도 마찬가지다. 경쟁 상황을 마주했을 때 우리가 양보의 미덕을 발휘한다면, 양쪽 모두가 경쟁과 협력을 통한 '경합'을 벌여 이익을 극대화할 수 있다.

FBI의 베테랑 심리 전문가 조 내버로는 말한다. "사람은 누구나 계약에 대한 원칙을 가지고 있는데, 이러한 원칙은 주로 '호혜'에 그 가치를 둔다. 즉, 네가 나에게 준 만큼 나도 네게 주겠다는 계산이 이뤄지는 셈이다. 따라서 다른 사람에게 더 많은 것을 얻고 싶다면, 상대가 우리에게 더 많은 것을 보답해야 한다는 생각을 가져야 한다."

결국 다른 사람의 마음을 정확하게 파악하려면 상대에게 진심으로 다가가 그의 심리적 경계심을 허물 필요가 있다는 뜻이다. 그래야만 상대도 우리를 이해하는 과정에서 진짜 자신을 드러낼 테고, 더 나아가 '상호성의 법칙'을 보다 잘 활용할 수 있다.

상대를 꿰뚫어 보는 FBI 심리 기술

작은 날갯짓이 일으킨 엄청난 나비효과

　1963년, 미국의 기상학자 에드워드 로렌츠(Edward Lorenz)가 발표한 논문을 보면 이런 내용이 있다. '남아메리카 아마존강 유역에서 나비가 날갯짓한 결과, 2주 후 미국 텍사스주에 토네이도가 발생했다.' 이것이 바로 그 유명한 '나비효과(butterfly effect)'인데, 사실 이는 단순한 은유를 넘어서 아주 작은 변화가 예상치 못한 엄청난 결과로 이어질 수 있다는 것을 말해준다.

　FBI에서는 나비효과에 더 많은 의미를 부여해 특수요원이라면 반드시 익혀야 할 심리게임의 법칙으로 활용하고 있다. FBI 전 국장 번스는 '나비효과'를 이렇게 해석한다. "아무리 사소한 변화도 얼마든지 사건 해결의 열쇠가 될 수 있다. 그 미세한 변화가 상대의 심리를 파악하는 단서가 되고, 이로써 상대와의 기 싸움에서 우위를 점할 수 있기 때문이다. 이는 나비효과만큼이나 절묘한 기술로 FBI 요원이라면 반드시 익혀야 할 심리조종술이다."

1962년 8월 5일, 미국 역사상 최고의 섹시스타로 손꼽히는 마릴린 먼로(Marilyn Monroe)가 향년 36세의 나이로 로스앤젤레스 자택에서 숨진 채 발견되었다. 갑작스러운 죽음이었던 만큼 사람들은 그녀의 사인(死因)에 관심을 가졌다. FBI가 공식적으로 발표한 그녀의 사인은 '바르비탈(barbital)류 약물 과다복용'이었다. 그러나 사람들은 FBI가 그녀의 죽음과 관련이 있다고 의심했다. 생전의 먼로와 FBI의 관계 때문이었다.

1962년 5월, 이미 할리우드 톱스타의 반열에 올라 있던 마릴린 먼로가 돌발행동으로 사람들의 눈길을 끈 사건이 있었다. 영화 촬영을 펑크내고 당시 대통령 존 F. 케네디(John F. Kennedy)의 생일 파티에 참석해 생일축하 노래를 부른 것이었다.

먼로가 〈사랑할 때 버려야 할 것들(Something's Got to Give)〉이라는 영화의 촬영을 시작한 지 얼마 되지 않은 때였다. 제작진과 불화가 있었다고는 해도 스케줄을 펑크내가며 대통령의 생일파티에 참석한다는 건 비상식적인 행동임에 틀림없었다. 그러나 당시 먼로의 눈에는 오직 케네디 대통령뿐이라 영화사의 입장이 어떤지는 안중에도 없었다. 물론 그녀는 이러한 관계가 자신을 죽음의 길로 인도하게 되리라고는 생각지도 못했다.

세기의 섹시스타라 불렸던 마릴린 먼로는 사실 케네디 대통령뿐만 아니라 그의 동생인 로버트 케네디(Robert F. Kennedy)와도 친밀한 관계였다. 그런데 먼로가 케네디 대통령의 생일파티에 참석해 노래를 불러준 사실이 언론에 대서특필되면서 공공연한 비밀로 여겨졌던 그들의 관계가 주목을 받게 되었다. 물론 이는 케네디 형제가 원하던 바가 아니었고, 이후 두 사람 모두 먼로와 거리를 두기 시작했다.

냉담하게 돌아선 케네디 형제에게 마음이 상한 먼로는 자신의 비밀일기에 그동안 케네디 형제와 있었던 일이며, 그들이 먼로에게 알려준 중차대한 국가기밀들을 쏟아냈다. 먼로가 이 비밀일기를 쓴 목적은 분명했다. 바로 케네디 형제를 다시 자신의 곁으로 돌아오게 하기 위함이었다. 그러나 결과적으로 이 일기장의 존재는 케네디 형제가 그녀를 '적'으로 돌리는 계기가 되고 말았다. 그녀의 일기가 남미 열대우림 속 나비의 작은 날갯짓이 되어 케네디 형제의 미움이라는 폭풍을 불러일으켰다.

케네디 형제가 조금씩 먼로를 멀리할 무렵, 먼로는 필드라는 사람과 친분을 맺는다. 그는 FBI가 줄곧 감시해오던 요주의 인물이었다. 19세기 '미국 최고의 부호'인 밴더빌트 가문 출신이지만 7,200만 달러의 유산 상속을 거부하고 '친소련' 조직을 만든 급진주의자여서 FBI가 그를 소련의 특수요원이라 의심하고 있던 터였다. 먼로가 이런 필드와 가깝게 지내자 FBI는 즉시 먼로에 대한 촉각을 곤두세웠다.

1962년 7월 13일, FBI 국장 후버에게 깜짝 놀랄 만한 보고가 들어왔다. 먼로가 필드에게 케네디 대통령의 사생활을 폭로했다는 내용이었다. 후버는 보고를 받은 즉시 부하직원에게 24시간 먼로를 감시하라고 명령하며 이렇게 말했다. "이 여인이 다른 정보들도 누설한 건 아닌지 의심스러워. 벌써 크렘린 궁까지 정보가 새어 나갔다면…… 생각만 해도 등골이 오싹해지는군."

사실 먼로도 케네디 형제의 마음을 되돌리려다 오히려 자신을 위험에 몰아넣은 격이 되었다는 것을 잘 알고 있었다. 그녀는 케네디 형제와의 사랑게임에서든, FBI와의 관계에서든 '철저한 패배자'였다.

케네디 형제가 마지막으로 먼로와의 모든 관계를 완전히 끊어내겠다고 결정 내린 건 1962년 8월 초의 일이었다. 케네디 형제의 결정과 동시에 후버는 마릴린 먼로의 과거 연애사를 언론에 폭로했다. 그동안 교제했던 남성들의 이름까지 신문에 낱낱이 공개되면서 먼로는 크게 당황했지만 이미 엎질러진 물을 주워 담을 수도 없

상대를 꿰뚫어 보는 FBI 심리 기술

는 노릇이었다. 이후에도 먼로를 겨냥한 FBI의 심리적 공격은 계속되었다. 심지어 후버는 직접 먼로에게 전화를 걸어 이렇게 말하기도 했다. "당신이 쓴 그 일기에 미국의 운명이 달려 있습니다. 그러니 일기장을 넘기고 조용히 입을 다무시지요. 그렇지 않으면 온 국민이 그 일기장을 수치로 여기게 될 겁니다."

8월 4일 밤 10시, 먼로는 이루 말할 수 없을 만큼 절망했지만, FBI에 일기장을 넘겨줄 생각은 없었다. 설령 일기장을 없앨 수 있다 해도 그녀의 머릿속에 남은 기억은 없앨 수 없었다. 먼로는 친구인 시드니에게 전화를 걸어 자신이 '위험한 진실'을 너무나도 많이 알고 있노라고 말했다. 그리고 그날 밤, 샤워를 마치고 의사가 처방해준 약을 복용한 그녀는 펜토바르비탈 중독으로 사망했다. 실오라기 하나 걸치지 않은 채 알몸으로 숨져 있는 그녀를 다음 날 새벽가정부가 발견했다. 그렇게 할리우드의 큰 별이 졌다……

이후에 공개된 FBI의 기밀문서에 따르면 먼로는 FBI 요원에게 살해당한 것이 아니라 스스로 목숨을 끊은 것으로 추정된다. 다만, FBI의 끊임없는 감시와 심리적 공격이 먼로에게 큰 스트레스로 작용했음은 틀림없다. 그녀는 자신이 언제든 살해를 당할 수 있다는 불안감에 정신적 공황 상태가 되었고, 예전에도 그러했듯 '죽은 척'으로 위기를 모면하려 했을지도 모른다(케네디 형제를 알기 전, 먼로는 여러 차례 자살을 기도했지만 응급처치를 받고 목숨을 건졌다). 그러나 먼로는 너무나도 위험한 약물을 치사량 수준으로 복용했다. 펜토바르비탈은 과다복용하면 단시간에 사망에 이를 수 있는 약이다.

먼로의 죽음을 통해 우리는 FBI가 어떻게 '나비효과'를 활용했는지를 알 수 있다. 그들은 아주 사소한 일로 불안감을 조성해 그녀의 마음을 어지럽히고, 더 나아가 그녀를 죽음의 길로 인도했다. 먼로와의 심리게임에서 FBI가 항상 우위를 점할 수 있었던 이유는 그들이 그녀의 심리 변화를 꿰뚫고 있었기 때문이다.

일상생활에서도 이와 유사한 경우를 만날 때가 있다. 당연히 자신의 생각대로 될 줄 알았지만, 생각지도 못할 만큼 사소한 부분이 변수로 작용한 경우다. 상대가 이를 이용해 심리적 반격을 가하기라도 하면 우리는 으레 어쩔 줄 몰라 하다가 잘못된 판단으로 막대한 손해를 떠안는다. 우리가 '나비효과'의 원리를 이해하고 이를 활용할 줄 알아야 하는 이유다. 그렇지 않으면 사소한 실수로 엄청난 대가를 치르게 될지도 모른다.

상대를 꿰뚫어 보는 FBI 심리 기술

나비의 작은 날갯짓이 엄청난 결과로 이어질 수 있다는 '나비효과'.

일상생활에서도 사소한 부분이 변수로 작용할 때가 있다.

사소한 실수로 엄청난 대가를 치르지 않으려면

나비효과의 원리를 알고 활용할 수 있어야 한다.

눈앞의 이익을 활용한
게임의 원리

FBI 전 국장 루이스 프리는 수하의 특수요원들에게 이렇게 가르쳤다. "사람들이 가장 관심을 갖는 무언가가 약점이 될 때가 많다. 따라서 심리게임을 할 때는 상대의 최대 관심사를 파악하는 것이 우선이다. 그럼 단번에 상대를 제압하고 목적을 달성할 수 있다."

사실 사회학적 관점에서만 보더라도 사람과 사람 사이의 모든 관계는 이익이라는 사슬로 얽혀 있다. 그래서 사회학자들은 이해관계를 '사회적 유대'라고 부르기도 한다. 다시 말해서 일상적인 업무를 처리할 때 인간은 누구나 자신의 이익을 최우선에 두며, 바로 이러한 점이 타인의 마음을 움직이는 관건이 될 수 있다는 뜻이다.

사회학적 관점에서 봤을 때 사람은 각자 처한 환경과 지위가 다르기에 저마다 다른 이해관계를 가진다. 바로 이러한 다름 때문에 양측 간 갈등이 발생하면, 강세에 놓인 쪽은 항상 이익사슬에서의 우위를 이용해 약세에 놓인 쪽을 공격한다. FBI의 수사관들 또한 용의자를 심문할 때 바로 이러한 사회학적 원리를 활용한다. 자신이 가진 유리한 지위를 이용해 가차 없이 이해관계를 지적함으로써 용의자들이 순순히 자신의 범행을 자백하게 만든다.

FBI의 고급 스파이 트릭 웰스는 심리전의 고수로 '양의 탈을 쓴 늑대'라는 별명을 가지고 있다. 그가 이런 별명을 얻게 된 데는 편안한 분위기를 만들어 상대의 약점을 파악하고, 이를 이용해 상대가 비밀을 털어놓도록 만드는 데 선수였기 때문이다.

1999년 말, FBI는 특수요원을 통해 모 국가의 스파이조직 '팔콘(falcon)'이 미국에서 활동 중이라는 정황을 포착했다. 하지만 확실한 증거가 없어 체포할 수 없는 상황이었다. 이 문제를 해결하기 위해 FBI가 꺼내 든 카드는 다름 아닌 트릭 웰스였다.

그는 본격적으로 행동하기에 앞서 자신의 신분을 화가로 위장했다. 그러고는 우연을 가장해 어느 그림전시회에서 '팔콘'의 책임자인 호린게르스키프와 안면을 텄다. 그 후 트릭 웰스는 화법(畵法)을 나눈다는 핑계로 자주 '팔콘'의 책임자와 만나 커피를 마시기도 하고, 산책을 하기도 했다. 시간이 지날수록 관계가 돈독해진 그들은 어느새 좋은 친구가 되어 있었다. 물론 호린게르스키프는 자신이 새로 사귄 친구가 실은 그의 범죄 증거를 수집하러 온 FBI 요원이라는 사실을 까맣게 몰랐다.

사이가 좋아지면서 트릭 웰스가 호린게르스키프의 행동을 지적하는 일도 잦아졌다. 예를 들면 그림을 그린 후 완성된 작품을 불태우는 점이라든지, 함께 술을 마실 때면 꼭 특정 국가 대사관 근처에 있는 술집을 고집하는 점 등이 보통 사람들과는 다르다고 이야기한 것이다. 트릭 웰스가 이 같은 말을 꺼낸 목적은 아주 간단했다. 호린게르스키프에게 이미 네가 평범한 사람이 아님을 알고 있으니 더 이상 연기하지 말라는 뜻을 전하기 위함이었다.

사실 호린게르스키프도 트릭 웰스가 심상치 않은 인물임을 눈치채고 있었다. 그저 두 사람 중 누구도 먼저 말을 꺼내고 싶어 하지 않았을 뿐이다. 그러던 중 먼저 정체를 밝힌 쪽은 트릭 웰스였다. 그는 함께한 술자리에서 호린게르스키프의 범죄 증거를 꺼내놓으며 이렇게 말했다. "너희 '팔콘' 조직이 우리를 위해 일해준다면 난 널 놓아주고 싶어. 물론 그렇게 된다면 넌 계속 미국에 머물 수 있을 거야. 너의 자유는 내가 보장할 테니까. 하지만 네가 정보를 가지고 네 나라로 돌아가겠다면 지금부터 너는 자유를 잃게 되겠지." 트릭 웰스가 이런 말을 꺼낸 것은 이미 호린게르스키프라는 사람에 대한 파악을 마쳤기 때문이었다. 그랬다. 그는 조직보다는 개인의 이익을 중요시한 사람으로 결코 스파이조직의 수장 자리에 적합한 인물이 아니었다. 조직의 행적이 드러나면 다른 사람이야 어찌되든 제 한 몸만 빠져나가면 그만이라고 생각할 사람이었다.

트릭 웰스는 호린게르스키프의 이러한 특징을 이용해 그가 얻을 수 있는 직접적인 이익을 제시했고, 이 방법은 과연 효과적이었다. 그는 십여 분 정도 고민하더니 이내 자유를 선택하겠다고 답했다. 이렇게 트릭 웰스는 '팔콘'의 모든 조직원을 만나 총 열여섯 명의 스파이를 투항시켰다. 이 일로 '팔콘'을 파견한 나라는 인재를 대거 잃는 손해를 안아야 했는데, 당시 보고를 받은 최고책임자는 이렇게 절규했다고 한다. "근래 들어 최악의 참패군."

위의 사례에서도 그랬지만 사실 대부분 사람들은 '직접적인 이익'이 눈앞에 놓이면 빠르게 결정 내린다. '직접적인 이익'이 곧 결정적인 요인으로 작용하기 때문이다. 따라서 일상생활 중 경쟁 상대를 마주했다면, FBI 요원처럼 상대가 가장 관심을 갖고 있는 '직접적인 이익'부터 찾아야 한다. 이를 무기로 상대의 심리적 방어선을 공격하면, 상대를 꼼짝달싹 못 하게 만들 수 있다.

물론 모든 경쟁에서 사람들은 저마다 다른 처지여서 각자 다른 마인드를 가질 수밖에 없다. 사회적 이익사슬에서 우위를 점한 사람과 그렇지 못한 사람의 심리가 같을 수 없다는 뜻이다. 그러므로 경쟁 상대와 힘겨루기를 할 때는 반드시 자신과 상대가 이익사슬의 어디쯤에 위치하는지를 정확히 파악해야 한다. 그래야 상대가 혹할 만한 '직접적인 이익'을 찾아 게임의 승자가 될 수 있다.

FBI의 선임특수요원 그림 그리핀은 "직접적으로 이해관계를 밝히면 상대는 금세 문제의 심각성을 깨닫는데, 그리되면 보다 쉽게 문제해결의 기반을 다질 수 있다"라고 말한다. 이는 경쟁 속 이해관계를 냉철하게 꼬집음으로써 나와 상대 모두가 현재의 상황을 좀 더 깊이 이해할 수 있는 계기를 마련할 수 있다는 뜻이다. 깊은 이해를 바탕으로 객관적이고 공정한 방법을 취한다면 승리를 거머쥐기란 어려운 일이 아니다.

그렇다면 FBI 요원들은 어떻게 직접적인 이해관계를 이용해 심리적 공격을 가하는지 알아보자.

주저함 없이 상대의 최대 관심사를 꼬집는다

FBI 선임특수요원 척 챈들러는 "용의자에게 자백을 받아내려면 상대의 아킬레스건을 공격해야 한다. 누군가 자신의 약점을 건드렸을 때, 사람은 자연히 저자세를 취하게 되어 있다"라고 말한다. 용의자와의 심리게임에 단 한 번도 주저한 적이 없다는 그는 누군가와 경쟁할 때도 상대를 면밀히 관찰해 상대가 가장 관심을 가질 만한 이해관계를 파악하고, 이를 가차 없이 드러내는 것이 좋다고 강조한다. 그래야 상대의 마음을 흔들어 단번에 승기를 잡을 수 있다면서 말이다.

실제로 경쟁 중에 머뭇거리는 사람은 상대에게 쉬운 공격 대상으로 여겨져 불리한 입장에 놓이기 십상이다. 우리는 그야말로 무한경쟁시대에 살고 있다. 이러한 환경에서 우위를 점하고, 더 나아가 게임의 최종 승자가 되려면 경쟁 상대가 가장 중요시하는 '직접적인 이익'을 찾아 단호한 말투로 상대를 압도하는 것이 관건이다.

상대가 중요시하는 '직접적 이익'을 정확하게 파악하기 위해
먼저 자신이 가진 최대의 장점을 찾는다

하버드대학교 사회심리학과 교수 제롬 케이건(Jerome Kagan)은 말한다. "FBI 요원들은 심문할 때마다 영락없이 심리게임을 펼친다. 그들이 용의자의 심리적 방어선을 쉽게 무너뜨릴 수 있는 것은 용의자와의 심리게임에서 자신이 가진 최대의 장점을 빠르게 파악해 이를 기반으로 심문을 진행하기 때문이다."

이는 우리 모두에게도 해당하는 이야기다. 경쟁에서 상대를 성공적으로 제압하기 위해서는 제롬 케이건의 말처럼 자신이 가진 최대의 장점을 빠르게 파악하는 능력이 필요하다. '최대의 장점'은 곧 우리의 '강점'이 되어 게임의 주도권을 잡는 데 도움을 줄 뿐만 아니라 상대의 심리적 약점을 공격해 승리를 거머쥘 수 있는 열쇠가 된다.

이해관계 중 자신의 최대 장점을 찾는 일은 생각만큼 그리 어렵지 않다. 현재 처한 상황을 자세히 분석하기만 해도 얼마든지 자신의 위치를 파악하고, 상대의 심리적 약점을 찾아내 우위를 점할 수 있다.

상대방 입장에서 생각해보는 환위법

'환위법'이란 상대방의 입장에서 생각해봄으로써 상대의 의도를 파악하고, 더 나아가 자신의 생각대로 상대에게 새로운 생각을 끌어내는 기술을 말한다. 한마디로 역지사지(易地思之)를 통해 자신에게 유리한 쪽으로 상황을 이끌어 상대와의 심리전에서 승기를 잡는데 그 목적이 있다.

FBI의 11대 국장 토머스 J. 피카드(Thomas J. Pickard)는 "범죄 용의자를 심문할 때 절대 그들을 범인이라 생각해서는 안 된다. 이는 인간에 대한 최소한의 존중이기도 하지만 그들의 심리를 보다 정확하게 파악하기 위한 방법이기도 하다. 우리가 그들의 입장에 서서,

그들을 도와주고 있다는 생각을 갖게 만들어야 심문 과정이 훨씬 수월해진다"라고 말한다. 그의 말처럼 심리게임 중 '역지사지'는 꽤나 큰 힘을 발휘한다. 좀 더 빠르게 상대의 의도를 파악할 수 있게 해준다. 다르게 말하면 상대의 입장에서 생각할 수 있어야 자신이 생각하는 방향으로 상대를 유도할 수 있다는 것이다.

세계적 심리학자 헤르만 에빙하우스(Hermann Ebbinghaus)는 인간이 서로의 심리를 체험해보는 과정이 곧 역지사지라며, 상호 간의 이해를 위해 반드시 이 과정이 필요하다고 말했다. 진정한 역지사지란 자신의 사고방식이나 감정적 체험을 상대방과 유기적으로 연결해 상대의 입장에서 문제를 생각하고, 느끼며 소통의 기반을 다지는 일이다.

그럼 FBI의 심리훈련교재에 실려 있는 유명 사례를 살펴보자.

베트남 전쟁에 참전했던 육군대위 제임스는 미국 올랜도(Orlando)로 돌아오자마자 바로 뉴올리언스(New Orleans)에 계신 부모님에게 전화를 드렸다. 그는 전화로 이렇게 말했다.

"아버지, 어머니. 정말 감사하게도 아들이 이렇게 살아 돌아왔어요. 지금 올랜도의 군사기지에 있는데 곧 집으로 돌아가 함께할 수 있을 거예요."

아들의 목소리를 들은 아버지는 울먹이며 말했다.

상대를 꿰뚫어 보는 FBI 심리 기술

"우리 아들! 오, 하느님 감사합니다. 네가 곧 돌아온다는 소식을 들으니 정말 기쁘구나. 네 엄마는 얼마나 감격스러운지 몸까지 부들부들 떨고 있단다. 정말 너무너무 보고 싶구나."

그러자 제임스가 달뜬 목소리로 말했다.

"그런데 한 가지 알려드릴 일이 있어요. 저와 가장 친한 전우가 전투 중 지뢰를 밟아 중상을 입었는데 다행히도 한쪽 팔과 한쪽 다리만 잃고 목숨은 건졌어요. 문제는 이 친구가 갈 곳이 없다는 건데, 제가 집으로 데려가 함께 지낼 수 있었으면 해요. 허락해주실 거죠?"

그러나 아버지는 제임스의 부탁을 거절하며 말했다.

"얘야, 친구의 사정이 딱하긴 하지만 너도 알다시피 나와 네 엄마 모두 심한 관절염에 고혈압까지 있지 않니. 친구가 지낼 곳을 마련해준다든지 다른 도움을 줄 수 있을지는 몰라도 우리와 함께 지내는 건 좀 힘들 것 같구나. 어쨌든 그는 중증의 장애를 가지고 있으니 말이야."

"하지만 아버지, 애초에 그가 지뢰를 밟지 않았다면 제가 지뢰를 밟았을지도 몰라요. 그는 저와 생사를 함께한 전우니까요. 그가 없었다면 지금 이렇게 아버지와 통화를 하지도 못했을 거예요. 그러니 부디 그를 받아주세요. 분명 우리 가족과 행복하게 지낼 수 있을 거예요."

"제임스, 내 말 좀 들어보렴. 우리도 그가 안쓰럽고, 또 고맙기도 하단다. 하지만 우리에게도 우리의 삶이 있지 않니. 너도 알 거다. 집에 중증 장애인이 있으면 불편한 점이 한두 가지가 아닐 거라는 걸. 그는 분명 우리 생활에 엄청난 부담이 될 거다. 그걸 빤히 알면서 함께 지낼 수는 없어, 제임스."

"아니, 아니, 안 돼요 아버지. 정말 그렇게 결정하신 건가요?"

수화기 너머에서 제임스는 갑자기 목 놓아 울기 시작했다.

"제임스, 울지 말거라. 그가 안쓰럽지만 어쩌겠니. 우린 그저 네가 빨리 돌아오길 바랄 뿐이란다. 어서 집으로 돌아와서 그 친구는 잊자꾸나. 그도 분명 살길을 찾게 될 거야……."

우는 아들을 위로하는 아버지의 말이 채 끝나기도 전에 제임스와의 통화는 끊어졌고, 수화기 너머로 뚜뚜 신호음만 들렸다.

그 후 며칠 동안 제임스의 부모님은 아들에게 전화가 오기를 기다렸지만 오지 않았다. 먼저 전화를 걸어봐도 아들은 전화를 받지 않았다. 결국, 제임스의 부모님은 직접 올랜도로 아들을 찾으러 가기로 했다. 그러나 그들이 공항으로 출발하기 위해 집을 나서려던 찰나 올랜도의 경찰서에서 전화가 왔다. "스태니어 제임스 씨가 아드님 되시죠? 제임스 씨가 닷새 전 16층 건물에서 추락했는데 아무래도 스스로 목숨을 끊은 것 같습니다."

이 소식을 들은 제임스의 부모님은 애끓는 마음을 안고 곧장 올

상대를 꿰뚫어 보는 FBI 심리 기술

랜도행 비행기에 몸을 실었다. 아들의 시신이 안치되어 있다는 병원 영안실에 들어선 순간, 부모님은 경악을 금치 못했다. 아들의 팔다리가 하나씩밖에 남아 있지 않았던 것이다. 그랬다. 아들이 전화로 말한 부상 당한 전우는 다름 아닌 제임스 자신이었다.

역지사지를 몰랐던 부모는 집에 장애인을 데리고 돌아가도 되겠냐는 아들의 말을 단칼에 거절했고, 이 거절이 장애 입은 아들에게서 살아갈 희망을 송두리째 앗아갔던 것이다.

FBI의 심리훈련교재에 실려 있는 또 다른 사례를 살펴보자.

1997년 3월 24일, 우드워드와 해리스가 다른 동료 세 명과 함께 지프차를 타고 업무차 출장을 떠났다. 그런데 목적지에 도착한 우드워드와 해리스가 갑자기 복통을 느끼기 시작했다. 동료들은 참을 수 없을 만큼 통증을 느끼는 그들을 마을의 병원으로 데려갔다. 하지만 더 이상 업무를 미룰 수도 없어 나머지 동료 세 명은 우드워드와 해리스를 병원에 두고 업무를 보러 가기로 했다.

그들이 차를 몰아 골짜기를 지날 때였다. 산꼭대기에서 갑자기 바위가 굴러떨어져 그들이 타고 있던 지프차를 덮쳤고, 결국 세 사람 모두 목숨을 잃고 말았다. 병원에서 동료의 사고 소식을 전해 들은 우드워드와 해리스는 할 말을 잃은 채 깊은 슬픔에 빠졌다. 한동안 이어진 침묵을 먼저 깬 사람은 해리스였다. 그는 말했다. "그렇게 젊고, 우수한 사람들이 이렇게 우리 곁을 떠나다니 정말 애통하고 애석한 일이야."

그러자 우드워드도 입을 열었다. "그러게 말이야. 오늘 아침에만 해도 같이 지프차를 타고 있던 그들이 지금은 차가운 영안실에 누워 있다니. 세상에 이런 일이······."

"그런데 생각해보면 우리는 그래도 운이 좋지 않은가? 함께 출발했다면 그들처럼 영안실에 누워 있었을 텐데 말이야."

해리스가 천만다행이라는 듯 이야기하자 우드워드는 경멸의 눈빛으로 해리스를 바라보며 이렇게 말했다.

"아니, 나는 그렇게 생각하지 않아. 우리가 복통 때문에 병원에 오지 않았다면 시간이 지체되지 않았을 테고, 그럼 그들이 바위가 떨어진 그 시간에 그곳을 지날 일도 없었을 테니까."

해리스는 우드워드의 말을 듣고 자신이 부끄러워졌다.

위의 사례를 통해 우리는 역지사지가 결국 상대의 입장에 서서 자신을 다시 되돌아보는 일이라는 것을 알 수 있다. 즉, 역지사지는 상대와 입장을 바꿔 생각해봄으로써 상대의 심리적 의도를 파악할 수 있게 해주고, 그와 동시에 우리 자신의 단점을 발견해 보완하는 기회를 제공한다. 상대가 이 틈을 파고들 수 없도록 재빠르게 단점을

상대를 꿰뚫어 보는 FBI 심리 기술

보완하는 것이 게임의 최종 승리를 차지할 수 있는 방법인 셈이다.

FBI 선임특수요원 로버트 핸슨은 "사람의 생각은 거의 비슷하다. 내가 생각한 걸 남도 똑같이 생각하는 경우가 많다는 얘기다. 따라서 내가 빈틈없이 완벽한 계획을 세웠다는 생각이 들 때는 절대 득의양양하지 말고 상대방 입장에 서서 자신을 점검하고, 상대역시 그렇게 생각하고 있는지를 살펴야 한다"라고 말한다.

그러므로 치열한 경쟁 중에는 FBI 요원들처럼 '환위법'을 십분 활용해 상대방의 입장에서 전체 상황 변화를 살핀다. 그래야 넓은 시야로, 보다 명확하게 상황을 파악할 수 있다. 그렇다면 심리게임의 고수인 FBI 요원들은 어떻게 '환위법'을 이용해 심리적 공격을 펼치는지 알아보자.

역지사지를 습관화한다

FBI 11대 국장 토머스 J. 피카드는 "어떻게 해서든 반드시 해야할 일이 있다면, 진행하기에 앞서 그 일이 무엇이든 반드시 그 결과가 타인에게 어떤 영향을 끼칠지를 생각해야 한다. 모든 일에는 반작용이 있어서 상대방에게 악영향을 미치는 일이라면, 우리에게도 불리하게 작용할 수 있기 때문이다"라고 말한다.

알다시피 어떤 행위가 습관이 되면 사람은 무슨 일을 하든지 습관대로 일을 처리한다. 항상 상대방의 입장에 서서 생각해봐야 한다는 사실을 잊지 않고 이를 실천하다 보면 이러한 사고방식을 일종의 습관으로 만들 수 있다.

'환위법'을 제대로 활용하려면 생각이 먼저 깨어 있어야 한다

《FBI 수사관 되는 법(To Be a FBI Special Agent)》의 저자 헨리 홀던(Henry M. Holden)은 말한다. "올바른 의식과 사고를 지니는 것이 환위법을 활용하는 기초이자 전제 조건이다. 사고가 깨어 있지 않으면 상대방과 입장을 바꿔보더라도 별다른 문제점을 찾을 수 없다."

'환위법'은 사실 생각을 겨루는 일이다. 어떤 일을 생각하는 데 있어 언제나 남보다 반 박자 느리다면, 우리가 문제를 발견했을 때 누군가는 이미 대응책을 마련해놓았을지 모를 일이고, 그럼 자연스레 남보다 뒤처지게 된다.

따라서 환위법을 사용할 때는 상대가 내게 어떤 이익과 피해를 줄 수 있는지를 충분히 파악해본다. 자신에게 돌아올 이익과 피해를 떠올리면 보다 적극적으로 생각하기 때문이다. 방법은 어렵지 않다. 타인과 같은 일을 한다고 가정했을 때, '그는 왜 그렇게 일을 처리하려고 할까, 그가 그렇게 해서 얻는 결과는 무엇일까?'를 생각하며 주도적인 사고를 끌어내면 된다. 한마디로 어떠한 일의 이해관계를 파악하는 일이 '환위법'을 사용하는 데 관건이 된다.

상대방의 마음을 어지럽히는
연막전술

　결과에 대한 여러 가지 가설로 상대방의 마음을 어지럽힘으로써 자신에게 유리한 쪽으로 상황을 이끌고, 더 나아가 게임의 승리를 거머쥐는 방법을 '연막전술'이라고 한다.

　헨리 홀던은 말한다. "심문을 하다 보면 거의 모든 용의자가 자신의 취약점을 마음 한구석에 꼭꼭 숨기고 있다는 사실을 알 수 있다. 즉, 수사관이 그들이 감추는 비밀에 다가가면 그들은 심리적 변화를 보일 수밖에 없다는 말이다." 사실 일상생활에서도 마찬가지다. 누군가와의 경쟁에서 주도권을 잡지 못한 상황이라면 FBI 요원들처럼 결과에 대한 다양한 가설을 연막탄 삼아 상대의 마음을 어지럽혀본다. 그러면 그 속에서 상대의 최대 약점을 찾아 회심의 일격을 가할 수 있다.

1984년 11월 17일, 애리조나주의 피닉스(Phoenix)에서 강도 살인사건이 발생했다. 67세의 재력가 드렉슬러가 자택 정원에서 총에 맞아 숨진 채 발견되었고, 집안의 귀중품은 모두 사라진 상태였다. 사건 신고를 받은 FBI 선임수사관 모리스는 부하들을 데리고 즉시 사건 현장으로 출동해 수사를 펼쳤다. 그 결과 귀중품 도난은 그저 눈속임일 뿐, 범인의 진짜 목적은 드렉슬러를 살해하는 데 있었다는 사실을 발견했다. 그렇다면 범인은 왜 이 노인을 잔인하게 살해하려 했을까?

모리스는 이러한 의문을 가지고 계속해서 수사를 진행했다. 4주에 걸친 탐문수사 끝에 모리스가 특정한 용의자는 바로 드렉슬러의 먼 친척 조카인 자밀 페트로였다.

자밀 페트로는 미국 육군 모 부대의 중령이었는데, 사건 발생 당일 그가 숙부의 집에 다녀간 정황이 포착되었다. 그는 혼자 숙부의 집을 찾았고, 그를 제외하면 드렉슬러의 집을 방문한 사람이 없었다. 게다가 범인은 총기 사용에 매우 능숙한 사람이었는데, 마침 페트로가 군인이었다. 사건에 사용된 총이 군용 총기가 아닌 일반 권총이긴 했지만, 미국인이 일반 권총을 소지하기란 그리 어려운 일

상대를 꿰뚫어 보는 FBI 심리 기술

이 아니었다. 하물며 그는 육군 중령이 아니던가?

그리하여 모리스는 자밀 페트로를 긴급 체포해 심문했다. 물론 중령은 일절 혐의를 부인하며 자신을 변호했다.

"살인범들은 하나같이 자신의 죄를 인정하지 않으며 오리발을 내밀지요. 왜냐? 자신이 너무나도 심각한 범죄를 저질렀다는 걸 알기 때문입니다. 제 말 이해하시죠?"

모리스가 엄숙한 얼굴로 이야기하자 페트로 중령이 도도하게 맞받아치며 말했다.

"베트남전쟁에 참전하고, 사고를 당한 광부들을 구출하느라 온몸에 흉터가 남은 군인에게 그런 말투는 삼가하시지요. 내가 무슨 죄를 지었다면 사실대로 이야기했을 테니까요. 군인의 명예를 걸고 말하건대 나는 거짓말을 하지 않습니다."

그의 태도는 마치 범죄 혐의를 받는 용의자가 아니라 사람들의 환대를 받으며 방금 전장에서 돌아온 군인 같았다.

"아, 그렇다면……, 존경하는 중령님. 숙부의 연인인 줄리아와는 어떤 관계입니까? 꽤 가깝게 지내시는 것 같던데요."

"그럴 리가요. 숙부의 연인과 내가 무슨 관계가 있을 수 있겠습니까. 날 뭐로 보고 이러시는지 원."

"줄리아에게 감정이 없으시다? 그럼 왜 항상 돈에 쪼들리는 겁니까? 조사한 바에 따르면 줄리아에게 돈을 쓰느라 카드빚 때문에 신용등급이 최하로 떨어졌던데요."

"아닙니다. 내가 왜 그 여자에게 그 많은 돈을 들이겠습니까? 그 돈은……."

순간 자밀 페트로는 황급히 말을 멈췄다.

"중령님, 왜 갑자기 말을 멈추십니까? 돈을 줄리아에게 쓰지 않았다면 어디에 쓰신 거죠? 라스베이거스(Las Vegas)에서 음주운전으로 적발된 기록이 있던데, 라스베이거스는 전 세계적으로 유명한 카지노의 도시 아닙니까! 존경하는 페트로 중령님!"

여러 가설을 듣고 자밀 페트로가 당황하는 기색을 보이자 모리스는 목소리를 높여 물었다. 이제 곧 수면 위로 진상이 드러나리라.

"아, 이제 알겠네요. 숙부와 오랜 원한이 있었던 거군요? 도저히 참을 수 없게 되자 결국 자신의 숙부를 살해한 것 아닙니까?"

모리스는 질문을 이어가며 자밀을 압박하자 그가 말했다.

"아닙니다. 난 그저 그의 침실에 있는 그림을 가져오려 했던 것뿐이라고요. 아, 아니, 내가 왜 이런 말을……."

자밀 페트로는 분노를 참지 못하며 고개를 가로저었지만 이미 말실수를 한 후였다. 그랬다. 자밀 페트로는 숙부의 침실에 있는 그 명화를 가져다 알고 지낸 지 얼마 안 된 여인에게 환심을 사려 했다. 그러나 자신의 뜻대로 그림을 손에 넣을 수 없자 화를 참지 못하고 그만 자신의 숙부를 살해한 것이었다.

상대를 꿰뚫어 보는 FBI 심리 기술

처음엔 경험이 풍부한 모리스도 전혀 상황을 파악하지 못한 상태였다. 그러나 그는 여러 가지 가설을 세워 자밀 페트로를 떠보았고, 심문 중 그가 보인 감정 변화에 주목해 끝내 범죄 사실을 실토하게 만들었다. FBI 선임수사관답게 현명하게 연막전술을 활용해 용의자가 가장 금기시하는 것을 찾아내면서 사건 해결의 실마리를 마련했다.

누군가와 치열한 경쟁을 벌일 때, 사람들은 자신의 진짜 생각을 꽁꽁 감춰두기 마련이다. 이럴 때는 모리스 수사관이 그랬듯 상대방에게 불리한 가설을 세워 질문 공세를 펼쳐보아도 좋다. 그렇게 상대의 마음을 어지럽혀 심리 변화를 파악하고 나면 결국 상대방의 심리를 조종해 게임의 승리를 거둘 수 있다.

물론 우리 주변에는 능숙하게 자기 생각을 숨길 줄 아는 상대도 많다. 이런 사람들은 경쟁에서 꽤나 골치 아픈 상대다. 자신의 진짜 의도를 숨긴 채 우리의 허점을 찾아내 자기 성공의 '발판'으로 삼기 때문이다.

우리가 먼저 상대의 심리 변화를 파악하지 못하면 상대에게 나를 간파당할 수 있다. 그러므로 상대에게 공격을 가할 때에는 반드시 기선을 잡아 맹렬한 공격을 퍼부어야 한다. 꼼짝 못하도록 상대에게 불리한 가설을 세워 쉴 새 없이 이에 관한 질문을 쏟아내면 상대는 진짜 의도를 드러낸다. 그럼 FBI는 어떻게 연막전술을 활용해 심리전을 펼치는지 알아보자.

생각하지 못한 결과로 상대를 자극해 화를 돋운다

헨리 홀던은 "심문이 시작되면 일부 교활한 용의자들은 미리 생각해두었던 전략을 실행한다. 그들은 머릿속에서 이미 심문 장면과 수사관의 질문에 대해 수도 없이 시뮬레이션을 마친 상태라 거의 모든 답안이 준비되어 있다. 이럴 때 필요한 게 바로 용의자의 허를 찌르는 질문이다. 용의자가 미처 손을 쓰지 못하게 진실에 한걸음 더 다가가는 것이다"라고 말한다.

사람은 화가 나면 이성적인 사고를 할 수 없다는 특징이 있기에 연막전술이 가능하다. 이성을 잃는 순간 자신이 시뮬레이션한 대로 일을 해나갈 수 없다. 누군가와 경쟁할 때 요원들처럼 다양한 가설로 상대를 자극해 화를 돋운다. 상대방이 이성을 잃는 순간 게임의 승리는 자신의 것이다.

가설에 따른 상대의 감정 변화를 잘 살핀다

《나의 FBI》의 저자 루이스 프리는 말한다. "용의자는 누구나 거짓말을 할 수 있다. 하지만 그들의 감정은 그렇지 못하다. 예전에 천 명의 용의자를 대상으로, 거짓말을 할 때 어떤 감정 변화가 일어나는지 실험한 적이 있다. 그 결과 사람이 거짓말을 할 때는 평소와

상대를 꿰뚫어 보는 FBI 심리 기술

전혀 다른 감정을 표출한다는 사실을 알 수 있었다."

다양한 가설로 상대방의 마음을 어지럽힐 때, 상대는 가설에 따라 다른 반응을 보인다. 그런데 이 과정에서 가장 강렬한 감정 변화를 보이는 그 문제가 곧 진실에 가까운 결과다. 따라서 경쟁을 할 때 상대의 마음을 쥐락펴락하고 싶다면 다양한 가설로 압박을 가하는 동시에 감정 변화에 주의를 기울여 상대의 심리를 파악한다.

말로 단숨에
상대의 생각을 바꾼다

FBI 요원들은 심문 과정에 말이 매우 중요한 역할을 한다고 입을 모은

다. 수사관의 생각대로 용의자의 심리적 변화를 이끌어 끝내 사건의 진

실을 토로하도록 하는 것이 바로 '말'이다. 일상생활에서도 마찬가지다. 사람의 마

음을 움직이기 위해서는 어떤 방법을 사용하든 결국 '말'이 뒷받침되어야 한다. 한

마디로 말하는 기술은 사람의 심리를 조정하는 데 매우 중요한 요소다.

상대의 경계심을 허무는 열쇠, 이름 부르기

FBI 요원들은 상대방의 이름을 기억하는 것을 매우 중요한 대화의 기술로 꼽는다. 처음 만나는 자리에서 상대의 이름을 부르면 상대가 존중받고 있다는 느낌을 받아 대화 분위기가 한결 부드러워지기 때문이다. 반대로 이미 여러 번 만난 적이 있음에도 상대방의 이름을 제대로 기억하지 못하면 거리감과 이질감이 생겨 대화를 이어나가기가 어려워진다.

FBI 요원들이 탐문수사를 할 때 주로 이 방법을 사용한다. 사회생활에서도 매우 효과적인데, 특히 영업사원이라면 고객의 이름을 잘 외우는 사람과 그렇지 못한 사람의 실적 차이가 크다.

이름은 한 사람을 나타내는 고유명사로, 사람에게 정체성을 부여해주는 중요한 요소다. 사람들이 자신의 이름을 소중하게 생각하는 이유도 바로 여기에 있다. 또한 이름은 일상생활에 매우 중요한 사회적 명칭이기도 하다. 그런 까닭에 사람을 만나고 교류하는 과정에서 기본적으로 상대의 이름을 기억한다.

인간관계 전문가 데일 카네기(Dale Carnegie)가 성공한 영업사원 짐에게 성공비결을 물은 적이 있다. 당시 짐은 간단명료하게 '부지런함'이라고 답했고, 이에 카네기는 저도 모르게 이렇게 말했다. "농담이시죠? 세상에 부지런한 사람이 얼마나 많은데요. 하지만 그들이 다 당신처럼 성공하진 못하지 않았습니까?"

"그럼 제가 뭐라고 답해야 할까요?"

짐은 오히려 카네기에게 되물었고, 카네기는 잠시 생각에 잠기더니 이내 이렇게 물었다.

"듣기로는 만 명이 족히 넘는 사람들의 이름을 다 기억하고 있다던데 정말인가요?"

그러자 짐은 카네기의 말을 정정하며 말했다.

"아니요. 만 명이 아니라 대략 6만 명의 이름을 외우고 있습니다."

이에 카네기가 진지하게 말했다.

"역시! 그렇다면 그것이 바로 당신의 성공 비결이겠네요."

요직을 담당하기 전, 짐은 그저 회사의 평범한 영업사원이었다. 그러나 그는 고객을 만나기 전, 미리 고객에 대한 자료를 조사한다는 자신만의 원칙을 세웠다. 상대방의 이름과 나이, 취미 등을 기억해두었다가 만나는 자리에서 먼저 상대방의 이름을 부르며 고객과의 거리를 좁혔다. 이뿐만 아니라 그는 대화를 나누는 중에도 상대의 개인적 습관이나 특징을 살폈다. 이야깃거리로 삼을 만한 요소들을 기억해두었다가 다음 만남에 활용하기 위해서였다. 예를 들면 고객이 고양이를 키우고 있다는 사실을 기억해두었다가 고양이의 근황을 묻는 식으로 대화의 물꼬를 텄다. 이런 방법으로 많은 사람들에게 세심하고, 친절하며, 진실하다는 인정을 받게 되자 자연스레 짐과 거래를 원하는 이들이 늘어났고, 그렇게 그의 실적은 수직 상승했다.

카네기는 짐의 사례를 통해 인간관계에 필요한 요소를 정리하며 "이 세상에 다른 사람이 내 이름을 불러주는 것만큼 달콤한 소리는 없다"라고 말한다. 처음 만난 자리에서 상대방의 이름을 부르는 것만큼 빠르게 감정적 거리를 좁힐 수 있는 방법은 없다. 내가 상대방의 이름을 부르는 순간, 상대는 마음의 경계를 풀고 나를 한층 친근한 존재로 인식하기 때문이다.

'상대방의 이름을 부르는' 방법은 비단 영업 분야에서뿐만 아니라 다른 분야에서도 활용할 수 있는 매우 효과적인 사교술이다.

한 유명 사립학교의 교장은 FBI 수사관으로 일하는 친구로부터 이름을 불러주는 것에 대한 효과를 전해 들은 후, 매해 입학 시즌이면 신입생들의 입학신고서를 자세히 살펴보기 시작했다. 학교에서 학생들과 마주쳤을 때나 단체 회의를 할 때 스스럼없이 학생의 이름을 불러주기 위해서였다. 이처럼 친근하게 학생들에게 다가가는 교장의 태도는 이제 갓 학교에 입학해 낯선 환경과 마주한 학생들에게 큰 위로가 되었다. 수천 달러의 값비싼 학비를 지불하는 학부모들도 안심하고 아이를 맡겼다. 이렇게 이 사립학교에 아이를 보내고자 하는 학부모들이 늘어나면서 얼마 후 이 학교는 미국에서 가장 유명한 사립학교가 되었다. 물론 이러한 성과가 온전히 아이들의 이름을 불러준 교장의 덕분이라고는 할 수 없다. 그러나 교장이 교육자이자 마케터의 역할을 동시에 수행함으로써 학교의 발전에 크게 기여했음은 분명하다.

갈수록 복잡하고 변화무쌍해지는 오늘날, 대인관계는 한 사람의 미래에도 영향을 줄 만큼 중요한 요소다. 인간관계에도 기술이 필요한 이유다. FBI 요원들은 다른 사람의 이름을 불러주는 것만으로도 상대방에게 좋은 인상을 심어줄 수 있으며, 더 나아가 허심탄회한 교류를 할 수 있다고 말한다. 그러다 보면 미래를 위한 인맥과 더불어 성공의 기반을 좀 더 공고히 다질 수 있다.

상대를 꿰뚫어 보는 FBI 심리 기술

에둘러 말해
호감을 얻는다

　　FBI 요원들이 용의자를 심문할 때, 용의자들은 대부분 자기방어 기제를 드러낸다. 자신의 이익에 해가 될지도 모를 내용이 언급되면 자신을 보호하려는 심리적 본능에 입을 다무는 것이 그것이다. 이때, 직접적인 질문을 쏟아내며 추궁을 이어가는 것은 교착 상태를 벗어나는 데 별 도움이 되지 않는다. 오히려 완곡하게 '돌려 말하는 방식'으로 용의자의 책임을 다른 곳으로 전가해 심리적인 부담을 덜어준다. 그래야 상대가 좀 더 쉽게 진실을 이야기하게 된다.

'제3자'를 구실 삼아 상대의 입을 열어라

범죄 심리 전문가 로버트 K. 레슬러와 하버드대학교 사회심리학과 교수 제롬 케이건은 우리가 화려한 언변을 이용해 어떤 일의 진실을 파헤치려 할수록 상대가 애매한 답변을 내놓을 가능성이 크다고 지적한다.

한편 쉽게 입을 열지 않는 사람은 극도의 불안에 시달릴 때가 많아 어떤 사람이나 사건을 만났을 때 강력한 자기방어 기제를 발동시킨다. 그래서 "×××에 대해 어떻게 생각해?", "새로 온 팀장님이 제기한 계획, 어떤 것 같아?", "네가 팀장이 된다면 더 잘할 수 있을 것 같아?"…… 등과 같이 직접적인 질문을 하면 "나쁘지 않아", "좋은데", "괜찮은 것 같아" 같은 답이 되돌아오는 경우가 대부분이다. 조금 더 깊이 있는 질문을 하거나 사적인 부분을 묻는다면 상대는 화를 내며 자리를 떠날지도 모른다. 그러나 좀 더 부드럽게, 에둘러 말한다면 얘기는 달라진다. 예를 들어 3인칭을 사용하면 상대와 심리적 대치 상태라는 부담을 완화해 경계를 풀고, 동질감을 형성해 내가 알고자 하는 정보를 얻을 수 있다. 이와 관련한 실제 사례를 살펴보자.

1998년, 전 미국 대통령 빌 클린턴(Bill Clinton)과 모니카 르윈스키(Monica Lewinsky)의 '성 추문'이 세상을 떠들썩하게 한 사건이 있었다. 언론매체는 스캔들의 여주인공인 르윈스키에 대한 보도를 앞다퉈 내놓았고, 하룻밤 새에 그녀는 '나쁜 여자'의 대명사가 되었다. 그런 탓에 르윈스키는 대중과 언론을 마주할 용기를 잃은 채 자택에서 두문불출했다. 이러한 그녀를 카메라 앞에 세운 것은 바로 ABC 방송국의 유명 앵커 바바라 월터스(Barbara Walters)였다. 바바라가 르윈스키를 설득해 단독 인터뷰를 성사시킨 것이다.

프로그램 진행자로서 바바라는 대중이 궁금해하는 문제, 즉 르윈스키가 대통령에게 어떤 목적을 가지고 접근한 것이 아닌지를 묻고 싶었다. 하지만 상대를 폄하하는 듯한 단어를 사용했다가는 르윈스키의 반감을 사 원활한 인터뷰를 진행할 수 없을 터였다. 이때 경험이 풍부한 바바라 월터스가 꺼내 든 방법이 바로 '제3자'의 입을 빌리는 것이었다. 그녀는 르윈스키에게 이렇게 물었다. "일부 언론매체에서는 백악관의 여성 인턴들이 대통령과 가까워지기를 바란다고 말하는데, 이에 대해 어떻게 생각하십니까?"

그저 '언론매체'라는 단어를 빌렸을 뿐이지만, 바바라는 이 방법으로 문제 제기의 주체를 어느 알 수 없는 매체로 돌림으로써 본인에게는 르윈스키를 폄하할 뜻이 없음을 분명히 알렸다. 엄밀히 따지면 그저 구실 찾기에 성공한 것뿐이지만, 르윈스키는 확실히 바바라가 자신을 비웃거나 적대감을 갖지 않고, 매우 객관적이며 중립적으로 사건을 바라봐줄 것이라고 느꼈다. 결국 바바라의 선의에 감동한 르윈스키는 스캔들의 전말을 고백했다.

이렇게 '제3자'를 이용하는 것은 우회하는 듯 보이지만, 상대방의 믿음과 호감을 얻어 상대의 입을 열게 만드는 가장 직접적이고 효과적인 방식이다. 예를 들어 어떤 일에 대해 동료의 생각을 알고 싶을 때 이렇게 물어볼 수 있다. "너희 부서 팀원들은 이번 구조조정에 대해 뭐래?" '부서 팀원들'이라는 3인칭을 사용하는 것이 직접적으로 상대의 의견을 묻는 것보다 훨씬 더 믿을 만한 결과를 얻을 수 있다.

이러한 현상에 대해 FBI 요원들은 지나치게 직접적인 질문이 상대의 심리적 반감과 자기방어 기제를 불러일으키기 때문이라고 설명한다. 대부분은 책임을 져야 한다는 압박감과 성가신 일에서 벗어나기 위해 입을 다무는 경향이 있다. 하지만 '제3자'의 입을 빌리면 '입장을 밝힌 당사자는 현장에 없어' 혹은 '네가 한 말은 네가 아니라 네 친구, 동료의 관점이야. 그러니 걱정 말고 이야기해도 돼'라는 메시지를 상대에게 전달하는 것과 마찬가지다. 이렇게 '책임 부담'과 '심리적 반감'을 덜어내면 우리도 얼마든지 타인의 진실한 이야기를 이끌어낼 수 있다.

일부러 말을 잘못하거나 실수한다

고의로 말실수를 하거나 잘못된 행동을 보임으로써 상대에게 이를 바로잡을 기회를 주는 것도 상대의 마음을 들여다볼 수 있는 좋은 방법이다. 이는 일종의 '떠보기' 기술로 FBI 수사관들이 흔히 사용하는 '심리조종술'이기도 하다.

용의자에게 직접적으로 상황을 설명한 후 사건의 세부사항을 캐물으면 능구렁이 같은 범인들은 어떻게 해서든 자신의 범행을 부인하려 든다. 게다가 직접적인 심문 방식은 상대방의 경계심을 높여 원래의 목적을 달성하기는커녕 이후의 심문 과정을 더 어렵게 만들 수 있다. 그러나 일부러 말을 잘못하거나 실수를 하며 '떠보는' 방법을 사용하면, 상대방의 경계심을 허물어 자신도 모르게 중요한 정보를 입 밖에 내게 된다. FBI 수사관들은 바로 이러한 점을 이용해 상대방의 입에서 가치 있는 단서를 알아낸다.

FBI가 한 연쇄강간살인범을 체포했을 때의 일이다. 용의자를 검거하기는 했지만 당시 FBI는 확실한 증거를 잡지 못한 상황이었다. 용의자는 한사코 범행을 부인했고, 그 탓에 수사는 교착 상태에 빠졌다. 백방으로 사건을 조사하던 FBI는 이 용의자가 숫자에 매우 예민하며 특히 순서에 강박증이 있다는 사실을 알아냈다. 한마디로 이 용의자는 기존의 순서가 뒤엉키는 것을 참지 못했다.

FBI는 그가 가진 강박을 이용하기로 했다. 먼저 수사관은 여성들이 살해된 현장 사진을 꺼내 사건 발생 순서대로 취조실 보드에 나열하되, 그중 3장을 원래 순서와 다르게 배치함으로써 전체 순서를 흐트러뜨렸다. 그러고는 이 사진들이 한눈에 보이는 위치에 용의자를 앉혀놓고 심문을 진행했다. 수사관은 사진이 나열된 보드에는 눈길도 주지 않고 그저 사건의 세부사항에 대해 캐물을 뿐이었다. 아니나 다를까 용의자의 신경은 온통 보드 위의 사진에 가 있었다. 여전히 자신의 혐의를 부인했지만, 사진을 힐끔거리며 시시각각 다른 핑계를 늘어놓았다. 수사관은 한눈에 봐도 안절부절못하는 그의 모습을 보고도 모른 척했다.

얼마 안 가 용의자는 가쁜 숨을 몰아쉬기 시작하더니 물과 담배를 요청했다. 그렇게 또 얼마의 시간이 흘렀을 때였다. 용의자가 드디어 못 참겠다는 듯 자리를 박차고 일어섰다. 그는 보드 앞으로 걸어가 사진의 순서를 바로잡으며 소리쳤다. "멍청하기는! 정말 아무 짝에도 쓸모없는 녀석들이라니까! 이 여자가 죽은 건 이 사람 다음이라고! 그리고 이 여자의 사진은 여기에 둬야지! 어떻게 이런 순서도 제대로 모를 수 있지?"

이를 지켜보던 수사관은 미소를 띠며 말했다. "아, 그래? 그러고 보니 정말 잘못 나열한 것 같네. 바로잡아줘서 고마워. 그런데 말이야, 이런 사건 경위는 외부적으로 공개된 적이 없는데 어떻게 사건 발생 시간을 정확하게 알고 있는 거지?" 그 순간 용의자는 의자에 털썩 주저앉아 자신의 범행을 인정할 수밖에 없었다.

상대를 꿰뚫어 보는 FBI 심리 기술

이처럼 '떠보기'로 사건의 진실을 밝혀내는 방법은 우리의 일상 생활에도 매우 유용하다. 예를 들어 회사에 갓 입사해 직속 상관이 결혼을 했는지 알고 싶은데 대놓고 물어보기 껄끄러울 때는 다른 사람에게 이렇게 물어볼 수 있다.

"우리 팀장님, 결혼한 지 곧 3년 차라고 들었는데 얼굴 보면 진짜 행복하신가 봐요."

"아닌데? 결혼한 지 반년밖에 안 됐어."

"아, 제가 착각했나 봐요."

이렇게 하면 팀장이 이미 결혼했으며, 결혼한 지 반년이 됐다는 사실을 확인해 원래의 목적을 달성할 수 있다.

사람들은 보통 타인의 실수를 바로잡아 자신의 박학다식함을 드러내고자 하는 욕망이 있다. '떠보기'는 바로 사람들의 이러한 심리적 특성을 이용하는 방법이다. '잘못된' 말이나 '잘못된' 행동으로 상대에게 자발적인 '정정' 기회를 제공하면, 상대는 저도 모르는 사이에 우리가 얻고자 했던 중요한 정보를 토로한다.

떠보기 기술은 분위기를 띄우는 데도 얼마든지 활용할 수 있다. 예를 들어보자. 모 기업의 회의 때였다. 대표의 말이 시작되자 직원들은 숨을 죽인 채 귀를 기울였다. 그러나 대표의 말이 길어질수록 직원들은 집중력을 잃어갔다. 그 순간 대표가 말실수를 하더니, 급기야 지극히 상식적인 내용마저도 잘못 이야기하기 시작했다. 그러자 한 직원이 이를 참다못해 용감하게 지적하고 나섰고, 대표는 웃으며 이렇게 말했다. "당연히 내 말이 무조건 옳을 수는 없지요. 그래서 여러분의 의견과 지적이 필요한 겁니다. 좋군요. 드디어 누군가는 입을 떼기 시작했으니 말이지요." 이로써 무겁고 딱딱했던 회의 분위기는 한결 밝아졌다.

위의 사례에서도 알 수 있듯, '말실수'는 상대방의 주의와 성찰을 끌어내는 일종의 예술로 상대의 체면을 세워주는 동시에 상대를 비판하거나, 주의를 환기시킬 때 매우 좋은 방법이다.

재치를 발휘해 에둘러 반격하라

심리학에서는 직접적으로 타인을 모욕하는 것을 충동적인 언행으로 분류한다. 한마디로 누군가를 욕보이고 난처하게 만드는 말은 대부분 생각 없이 내뱉은 말인 경우가 많다는 뜻이다. 이때 대화의 당사자 모두가 이성을 잃으면 말다툼이나 몸싸움으로 번지기 십상이다. 따라서 누군가 내게 모욕적인 발언을 했다면 냉정함을 잃지 말고, 이성적으로 반격을 가하는 것이 상책이다.

어느 신병훈련장에서 이런 일이 있었다. 교관의 훈계가 한창일 때, 신병 하나가 갑자기 소변이 마려워 교관의 말을 끊었다. 신병은 말했다. "죄송하지만, 잠시 열외해도 되겠습니까? 금방 돌아오겠습니다!" 그런데 신병의 이 말이 교관의 심기를 건드릴 줄 누가 알

상대를 꿰뚫어 보는 FBI 심리 기술

왔겠는가. 교관은 잔뜩 성이 나 입에서 나오는 대로 말을 내뱉었다. "훈련병의 부모님은 대체 훈련병을 어떻게 가르치신 건가?" 비단 자신뿐만 아니라 자신의 부모까지 욕보이는 말을 들었으니 신병의 입장에선 화를 내기에 충분한 일이었다. 그러나 신병은 화를 내지 않았다. 화가 난 교관이 생각 없이 내뱉은 말일 뿐, 자신의 부모를 알지도 못하는 그가 정말로 부모님을 욕보이려 한 것은 아니라는 걸 잘 알았기 때문이다. 무엇보다 교관이 그렇게 화가 난 데는 무례하게 말을 끊은 자신의 잘못이 크다는 것도 알았다.

이때 신병은 조금 맹하게 교관에게 반문했다. "죄송하지만, 저는 조부모님이 키워주셨습니다. 교관님의 부모님이 교관님을 어떻게 키우셨는지 말씀해주시면 저도 배우겠습니다." 그 결과 교관도 자신이 무례했음을 깨닫고, 신병을 화장실에 보내주었다.

일상을 살면서 사람은 누구나 타인과 대화를 나누고 소통을 한다. 하지만 대화를 통해 남들과 원만한 관계를 맺기란 생각만큼 쉬운 일이 아니다. 언어라는 강력한 무기를 제대로 활용할 줄 알아야 하는 이유다. 말을 가려 할 줄 알아야 언어 활용능력을 키워 타인과 심리적 거리를 좁히고, 타인의 인정을 받고, 더 나아가 자신의 목적을 달성할 수 있다. 다시 말해서 사회적으로 어느 정도 지위를 갖추고, 자신의 일에서 성공을 거두려면 무엇보다 말하는 방법이 중요하다.

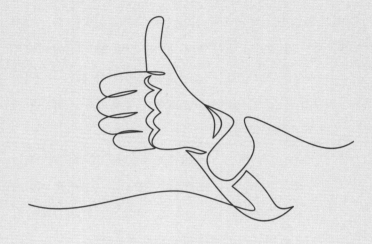

현대사회에서 강자가 강자일 수 있는 이유는

그들의 능력과 더불어 사람의 마음을 움직여 상대를 내 편으로 만드는 현명함 때문이다.

사람의 마음을 얻고, 더 나아가 경쟁 상대를 친구로 만드는 방법은

바로 '상대를 칭찬하는 것'이다.

칭찬은
고집불통도 춤추게 한다

알다시피 칭찬은 상대의 마음을 얻어 적을 줄이고 친구를 늘리는 좋은 방법이다. 그러니 절대 칭찬에 인색하게 굴지 마라. 우리의 칭찬 한마디가 적을 친구로 만들고, 고집스러운 사람의 생각을 바꿔놓는 등 많은 변화를 이끌 수 있다.

공개적인 칭찬으로 상대를 친구로 만들어라

FBI 요원들은 치열한 경쟁이 벌어지는 현대사회에서 강자가 강자일 수 있는 이유가 비단 그들이 뛰어난 능력을 지녀서가 아닌, 사람의 마음을 움직여 상대를 자신에게 유익한 친구로 만드는 현명함을 가졌기 때문이라고 지적한다. 그렇다면 어떻게 해야 사람의 마음을 얻고, 더 나아가 경쟁 상대를 친구로 만들 수 있을까? 가장 좋은 방법은 바로 상대를 칭찬하는 것이다. 특히 공개적인 장소에서 상대를 칭찬하면, 이를 들은 모든 사람이 당신의 넓고 우호적인 마음에 경탄할 것이다.

2008년 6월 7일, 민주당 대선후보 경선에서 오바마(Barack Hussein Obama)에게 패배한 힐러리(Hillary Rodham Clinton)가 미국 국립건축박물관(National Building Museum) 앞에서 경선을 마무리하는 연설을 준비하고 있었다. 이미 경선 패배라는 결과가 나온 후였지만 연설을 기다리던 지지자들은 그녀가 현장에 모습을 드러내자 열화와 같은 환호와 박수를 보냈다. 이 같은 광경을 보고 어쩌면 많은 사람이 '경선에도 패배한 마당에 그녀는 어째서 지지자들에게 변함없는 사랑과 존경을 받는 걸까?'라는 의문을 가졌을지도 모른다. 그러나 28분에 달하는 그녀의 연설을 들었다면 쉽게 그 해답을 찾을 수 있다.

힐러리는 연설 중 자신이 지나온 경선 과정을 되짚는 데 그리 많은 시간을 할애하지 않았다. 경선에 패배한 사실에 불만을 토로하지도, 비통함을 표현하지도 않았다. 그보다는 자신과 경쟁을 펼친 민주당 후보자 오바마에 대한 이야기가 더 많은 비중을 차지했다.

상대를 꿰뚫어 보는 FBI 심리 기술

그녀는 오바마에게 적대감을 드러내기는커녕 오히려 오바마의 인품과 행동거지를 여러 번 칭찬하며 자신의 과거 경쟁 상대를 지지해줄 것을 호소했다.

그녀는 이 연설 중 무려 열네 번이나 오바마의 이름을 언급했고, 진심을 담은 진지한 목소리로 자신을 지지했던 유권자에게 민주당 대표인 오바마가 대통령에 당선될 수 있도록 힘을 실어달라고 부탁했다. 힐러리는 말했다.

"저는 오늘부로 경선에 마침표를 찍고, 이제 지지자로서 오바마 후보가 대선에서 승리할 수 있도록 최선을 다해 힘을 보탤 생각입니다. 저는 저의 힘이 닿는 데까지 그에게 지지를 보낼 것입니다. 그동안 저를 지지해주셨던 여러분도 저와 함께 오바마 후보를 지지해주시길 간곡히 부탁드립니다. 목표를 실현하기 위해서는 열정과 경험과 힘이 필요합니다. 지금 우리가 해야 할 일은 오바마 후보가 차기 미국 대통령에 당선될 수 있도록 온 힘을 다해 돕는 것입니다."

힐러리가 이 말을 마치자 유권자들은 그칠 줄 모르는 환호와 박수로 화답했다. 그녀는 심지어 '그렇습니다. 우리는 할 수 있습니다'라는 오바마의 경선 슬로건을 인용하기도 했다. 힐러리는 이렇게 말했다. "우리 민주당이 걸어야 할 길에는 많은 굴곡이 있을 것입니다. 그러나 저는 오바마 후보가 최종 승리를 거머쥘 것이라 믿어 의심치 않습니다. 제가 그의 편에 서서 함께할 것이기 때문입니다. 그렇습니다. 우리는 할 수 있습니다. 우리 민주당은 이번 대선을 승리로 이끌 수 있습니다!"

그녀의 연설이 얼마나 성공적이었는지는 대선 결과를 통해 드러났다. 민주당 내부 경선에서 패배했지만 여전히 높은 지지율을 자랑하던 그녀의 지지 선언과 지지 독려가 오바마의 대통령 당선에 매우 큰 힘이 되었기 때문이다. 무엇보다도 주목할 만한 점은 이 연설 이후 오바마 역시 힐러리를 적대관계의 경쟁자가 아닌 친구로 받아들였다는 것이다. 비록 미국 역사상 최초의 여성 대통령이라는 타이틀을 거머쥐지는 못했지만, 힐러리가 국무장관의 자리에 오를 수 있었던 데는 공개적으로 과거의 경쟁 상대를 칭찬할 줄 아는 힐러리의 도량과 장기적인 안목의 힘이 컸다.

공개적인 칭찬이 상대의 적대감을 없애고, 더 나아가 적을 친구로 돌려놓는 이유는 무엇일까? 심리학자들은 그 이유로 인간이 가진 '자기 가치감'을 꼽는다. 사람이라면 누구나 인간관계에서 자기 가치를 첫 번째로 내세우며 이를 어느 정도 보호하려 한다. 이것이 상호성의 법칙으로 드러난다. 쉽게 말하면 자신을 인정해주는 사람일수록 호감을 느끼고, 자신을 부정하는 사람일수록 반감을 갖게 된다는 뜻이다.

즉, 공개적으로 적이나 경쟁 상대를 칭찬하는 전략은 상대방뿐만

상대를 꿰뚫어 보는 FBI 심리 기술

아니라 그 이야기를 듣는 사람의 마음까지 공략할 수 있는 방법이다. 공개 석상에서 오바마를 칭찬해 신임과 우정을 얻고, 오바마 지지자들의 옹호까지 얻은 힐러리처럼 말이다.

소설가 프란츠 카프카(Franz Kafka)는 상대를 소중히 여길 때 비로소 인품의 힘과 생존의 지혜가 드러난다고 말했다. 사람들은 대부분 적수, 그중에서도 자신에게 패배를 안긴 적이 있는 상대를 대할 때 자신의 입장에만 집중해 강한 적대감을 드러낸다. 힐러리처럼 이미 손해를 본 상황에 어떻게 하면 한 명이라도 내 편을 늘려 앞으로의 성공에 힘을 실을 수 있을지 고민하는 사람은 그리 많지 않다는 얘기다. 이는 힐러리가 경선 패배라는 그림자를 벗어던지고 미국 국민들에게 꾸준한 지지를 얻으며 성공한 여성의 표본이 될 수 있었던 이유이기도 하다.

FBI 요원들은 칭찬에 타인의 마음과 생각을 움직일 수 있는 힘이 있다며, 칭찬의 기술이야말로 인간관계에 매우 중요한 기술이라고 강조한다. 알다시피 사람과 사람 사이에는 늘 대립과 상호 의존적인 관계가 공존하기 때문이다. 그러니 아무리 원수 같은 상대라 할지라도 사사건건 눈에 쌍심지를 켜기보다는 약간의 너그러움을 발휘해보자. 진심이 담긴 칭찬은 나에 대한 존중과 호의로 돌아오게 되어 있다.

용서할 수 있다면 가능한 한 너그럽게 용서하라

사람은 살면서 누구나 크고 작은 좌절을 맛본다. 그리고 좌절의 경험은 때로 원망과 증오를 낳기도 한다. 그러나 이러한 감정에 사로잡히면 마음의 평정을 잃고, 정상적인 행동규범에서 벗어나 극단적으로 행동할 수 있다. 원망과 증오는 사회적 안정과 화합을 위협하는 매우 부정적이고 위험한 감정이다. 자신뿐만 아니라 타인에게도 피해를 줄 수 있기 때문이다.

고대 그리스 신화를 보면 '증오'에 관한 이야기가 나온다. 이야기의 주인공은 바로 힘센 영웅 헤라클레스(Hercules)다. 헤라클레스가 험한 산길을 걷고 있을 때였다. 한창 걷고 있는데 그의 발부리에 둥그런 뭔가가 걸려서 보니 물건이 가득 담긴 듯한 주머니가 있었다. 순간 호기심이 발동한 헤라클레스는 주머니를 꾹 밟아보았다. 그런데 웬일인지 그 주머니는 움푹 꺼지기는커녕 오히려 더 뚱뚱하게 부풀어 올랐다. 바짝 약이 오른 헤라클레스는 옆에 있던 굵은 나무막대기 하나를 집어 들고는 있는 힘껏 그 주머니를 때리기 시작했다. 그러나 보잘것없어 보였던 그 작은 주머니는 때릴수록 점점 부풀어 올랐다. 헤라클레스의 손놀림이 맹렬해질수록 주머니의 팽창속도도 점점 빨라지더니 급기야 작은 산만 한 크기가 되었다. 헤라클레스는 잔뜩 화가 났지만 어쩔 도리가 없었다. 그때 한 선지자가

상대를 꿰뚫어 보는 FBI 심리 기술

다가오더니 눈앞의 '산'을 가리키며 헤라클레스에게 말했다. "이보게. 이제 그만하게. 이건 '증오의 주머니'라 자네가 건드릴수록 점점 부풀어 오를 게야. 끝도 없이 말이지. 하지만 더 이상 건드리지 않는다면 주머니는 원래의 모습으로 돌아올 걸세!"

이 이야기에는 아주 간단한 이치가 담겨 있다. 바로 사람은 누구나 일상생활이나 인간관계에 영향을 미치지 않을 만큼의 원망과 증오를 마음속에 품고 있다는 사실이다. 우리가 대범함을 발휘하면 자연스레 갈등이 사라지고 일도 순조롭게 풀리지만, 마음속 원망과 증오를 곱씹으면 결국 그 감정이 눈덩이처럼 불어나 그 속에 매몰된다. 이것이 바로 심리학에서 유명한 '헤라클레스 효과(hercules effect)'다.

어떤 이는 원망과 증오를 적극적, 긍정적으로 대하는 반면, 또 어떤 이는 소극적, 부정적으로 대한다. 이는 사람 간에 소통을 할 때도 마찬가지다. 상대가 나에게 도움을 준다면, 나도 자연스레 상대를 도와 긍정적인 관계가 형성되지만, 상대가 사사건건 나와 대립한다면 마음에 증오가 싹터서 받은 만큼 되갚아주고, 결국 잦은 갈등과 마찰을 빚는 부정적인 관계를 맺게 된다.

사실 일상생활에서 마찰과 갈등은 흔한 일이다. 그러나 그때마다 우리가 '눈에는 눈, 이에는 이'라는 생각을 갖는다면, 마음속의 증오는 계속해서 공기가 주입되는 풍선처럼 부풀어 오르다 결국 터져 버리고 말 것이다. 반대로 부당한 일을 만났을 때 '자신이 할 수 있는 만큼 관용을 베푼다면' 상대는 감사하는 마음을 가질 테고, 어쩌면 이 마음이 당신에게 도움이 될 날이 올지도 모른다.

이는 FBI 요원들이 상대적으로 죄질이 가볍거나 초범인 용의자를 심문할 때 흔히 사용하는 방법이기도 하다. 용의자의 심리적 약점을 찾아 '감정적 이익을 주고받는' 방식으로 심리전을 펼친다. 수사원이 어느 측면에 대해 적당히 '관용'을 베풀거나 너그러움을 보이면 용의자는 이를 고맙게 여겨 그에 대한 보답으로 중요한 정보를 제공한다.

관용의 힘은 사람과 사람 사이에 존재하는, 보이지 않는 벽을 간단히 없애준다는 데 있다. 관용은 징계를 포상으로, 원망을 감사로 바꿔놓을 뿐만 아니라 사람의 마음을 세탁해 소통에 장애가 되는 많은 오해와 갈등을 해소해준다.

격려와 비판을 적절히 활용하라

사람들은 어떤 행동을 한 후, 자신의 행동이 어떤 결과를 낳았는지를 알고, 그에 대한 긍정적인 평가를 받으면 이전의 행동과 유사한 행동을 하려는 경향이 있다고 FBI 요원들은 말한다. 결과에 대한 이해와 긍정적 평가가 일종의 추진 작용을 하는 셈이다. 이것이 바로 격려가 주는 심리적 효과다. 긍정적인 행동으로 격려를 받았다면 지속적으로 그와 유사한 행동을 취함으로써 더 큰 발전을 꾀하게 된다.

물론 이와 반대로 어떠한 행동에 대해 소극적이고 부정적인 평가, 즉 비판을 받았을 때에도 심리적 효과가 작용한다. 사람들은 비판을 받으면 적극적으로 자신의 행동을 가다듬어 올바른 방향으로 나아가려 하기 때문이다. 그런 의미에서 격려와 비판에는 우리를 발전시키는 힘이 있다.

이는 심리학 연구를 위한 '피드백의 효과' 실험을 통해 실제로 증명된 사실이다. 타인에게 칭찬을 받든, 호된 비판을 받든 둘 중 하나를 선택해야 한다면 당신은 어느 쪽을 택하겠는가? 정상적인 상황이라면 대다수 사람들은 당연히 칭찬을 받는 쪽을 선택할 것이다. 그렇다면 타인에게 호된 비판을 받거나 아예 무시를 당해야 하는 상황이라면 어떨까? 어쩌면 많은 사람이 비판을 받기보다는 무시를 당하는 쪽이 낫지 않겠느냐고 생각할지도 모른다. 그러나 실제 결과는 사람들의 예측과 정반대였다.

왜 이런 결과가 나왔는지 그 이유를 증명하기 위해 심리학자 엘리자베스 허록(Elizabeth Hurlock)은 한 초등학교 학생 106명을 대상으로, 유명한 피드백 실험을 실시했다. 먼저 허록은 학생들을 네 개의 조로 나누고, 이들에게 5일 동안 매일 15분씩 같은 난이도의 덧셈문제를 풀게 했다. 다만 다른 점이 있다면 그것은 바로 '피드백'의 차이였다.

첫 번째 조에 속한 학생들은 문제풀이를 마칠 때마다 결과에 상관없이 심리학자들에게 칭찬을 받았고, 두 번째 조의 학생들은 아무리 문제를 잘 풀어도 비판을 받았다. 그리고 세 번째 조에 속한 학생들은 문제를 풀고 이를 검사받기는 했지만 그에 대한 평가를 받는 대신 다른 두 조의 학생들이 각각 칭찬과 비판을 받았다는 사실을 들을 수 있을 뿐이었다. 마지막으로 네 번째 조에 속한 학생들은 매일 문제풀이를 마친 후 따로 검사를 받지도, 또 그 어떤 평가도 받지 못했다. 심지어 다른 조의 소식조차 들을 수 없었다.

그렇게 5일을 지속한 후, 심리학자들은 일명 '칭찬 그룹', '비판 그룹', '무시 그룹', '격리 그룹'의 학생들에게 최종 테스트를 진행했다. 그 결과 칭찬 그룹, 비판 그룹, 무시 그룹에 속한 학생들의 성적이 '격리 그룹'에 속한 학생들보다 훨씬 높게 나왔다. 그중에서도 첫 번째 조인 일명 '칭찬 그룹'의 성적은 단연 돋보였다. 이는 칭찬이 일종의 동기부여가 되어 성적 향상으로 이어졌음을 보여주는 예다. 하지만 비판 그룹의 학생들은 어떻게 다른 두 그룹의 학생들보다 좋은 성적을 받을 수 있었던 것일까?

실험을 설계한 허록은 이 같은 현상에 대해 이렇게 해석했다. "문제풀이 후에 이뤄진 평가가 학생들에게는 곧 피드백이었던 셈인데, 칭찬이든 비판이든 즉각적인 피드백을 받은 학생들은 자신이 열심히 공부한 데 대한 결과를 이해할 수 있었습니다. 결과를 이해하니 자체 평가가 가능해졌고, 그 결과 노력을 해야 한다는 동기부여가 된 것이지요. 그러나 무시 그룹이나 격려 그룹의 학생들은 직접적인 평가를 받지 못했고, 그런 까닭에 심리학에서 말하는 '피드백 효과'가 나타나지 않은 것입니다."

우리는 이 실험을 통해 무시하는 것보다는 피드백을 주는 것이 더 효과적이며, 같은 피드백이라 할지라도 비판보다는 칭찬이 더 크게 작용한다는 사실을 알 수 있다. 이 같은 결론은 인간관계에서도 마찬가지다. 긍정적이든 부정적이든 적절한 피드백은 서로의 감정을 나누고, 상호작용을 하는 데 매우 중요한 요소다. 격려와 비판은 우리가 흔히 사용하는 피드백의 한 방법으로써 교류를 하는 쌍방이 서로의 장점과 부족함을 정확하게 이해하고, 공감대를 형성하며, 감정의 깊이를 더해 탄탄한 인간관계를 구축할 수 있도록 도와준다.

FBI 요원들도 상대의 경계심을 허물어 자신의 의견이나 관점을 보다 쉽게 관철하기 위해서는 칭찬과 격려를 아끼지 말아야 한다고 조언한다. 타인의 감정을 무시하지 말고, 칭찬과 격려를 아끼지 않으며, 적당히 비판할 줄 아는 사람이 되면 상대방의 호감과 믿음을 얻어 사람들과 좀 더 끈끈한 관계를 유지하며 넓은 인맥을 쌓을 수 있다.

자신을 깎아내리는 사람 앞에서는
누구나 이성을 잃는다

FBI 요원들은 사건을 해결하는 과정에서 자신감과 자존감이 강한 용의자들을 마주할 때가 많다. 이들에게는 공통적인 특징이 있다. 바로 타인의 지적이나 비판을 잘 받아들이지 못해 누군가 자신의 행동이나 인격, 일 처리 방식을 깎아내리면 금세 이성을 잃는다는 점이다. FBI 요원들은 그들이 감정을 주체하지 못하는 순간을 놓치지 않고, 용의자의 생각을 바꾸어놓는 기회로 활용한다.

FBI의 범죄 심리 전문가이자 하버드대학교의 교수이기도 한 다니엘 고어는 사람이 심리적 공백과 불안을 느낄수록 모종의 신념과 이념으로 마음속 빈자리를 채우려 한다고 지적한다. 이럴 때 어

상대를 꿰뚫어 보는 FBI 심리 기술

떠한 사상을 주입하면 보다 쉽게 상대를 설득할 수 있고, 더 나아가 상대를 자신이 원하는 방향으로 생각하고 행동하도록 유도할 수 있다는 것이다.

　FBI 요원들은 이러한 심리학적 원리에 근거해 자존심이 강하고 고집이 센 난공불락의 용의자들을 상대할 때면 으레 그들의 기호부터 조사한다. 그런 다음 대화가 교착 상태에 빠지면 기회를 엿봐 그들이 좋아하거나 자랑스럽게 여기는 일에 비판을 가해 그들을 동요시킨다.

　상대가 무엇보다 체면을 중요시 여기는 사람이라면 직접적인 비판이나 폄훼는 오히려 상대의 반발심을 사 생각한 것과는 정반대의 결과를 낳을 수 있다. 이럴 때에는 우회적이고 완곡한 방식으로 비평하거나 아무렇지 않은 듯 상대의 주변 사람이나 일에 대해 언급하는 것이 좋다. 원래 하려던 일과 직접적인 관계가 없는 것처럼 보이고, 그렇기에 상대도 즉각적인 반격을 가하거나 화를 낼 일도 없지만, 상대는 이미 그것만으로도 복잡 미묘한 감정을 느끼며 기분이 가라앉기 시작해 정신을 집중하기 어려워질 테니 말이다.

　이 밖에도 FBI 수사관들이 자주 활용하는 또 다른 폄훼의 방법은 바로 상대가 전혀 생각하지 못했던 사소한 문제를 반복적으로 공격해 냉정을 잃게 만드는 것이다. 이는 심리학에서 말하는 '부분 자극'을 역으로 활용하는 방법으로 직접적으로 비판을 가하는 것보다 훨씬 쉽지만 꽤 괜찮은 효과를 볼 수 있다.

예를 들어 여성의 마음을 얻기 위해 노력하는 남성이 있다고 가정해보자. 그는 자신이 마음에 품은 여성에게 "넌 얼굴이 정말 예뻐", "눈이 정말 매력적이야", "입술이 참 섹시해" 등과 같이 여성의 특정 신체 부위를 반복적으로 강조하는 칭찬을 늘어놓았다. 그러자 여성은 조금씩 경계심을 허물고 남성과의 심리적 거리를 좁히며 한층 친밀한 사이가 될 수 있었다.

이것이 바로 '부분 자극법'의 효과다. FBI 요원들은 이러한 '부분 자극법의 효과'를 역으로 뒤집어 완고한 용의자를 상대하는 데 활용한다. 상대방이 가진 사소한 문제를 집요하게 붙잡고 늘어져 상대가 염증을 느끼고 마음에 동요가 생길 때까지 반복적으로 공격을 가하는 것이다. 이는 아주 간단한 방법이지만 단독범행뿐만 아니라 조직범죄를 수사하는 데도 탁월한 효과를 나타낸다. 조직의 심리적 편향을 쉽게 바꾸어놓는 방법이기 때문이다.

FBI 수사관이 한 마약조직을 검거했을 때의 일이다. 당시 FBI는 조직을 검거하기는 했지만 물증이 부족한데다 조직 두목의 힘이 워낙 막강해 조직 내부에서 이렇다 할 돌파구를 찾지 못하고 조사에 난항을 겪고 있었다. 이에 FBI는 단독 심문이라는 기존의 관례를 깨고 조직의 두목과 그의 오른팔, 왼팔이라고 할 만한 부하들과 일반 조직원들을 함께 불러 심문을 시작했다. 심문이 절반쯤 진행되었을 즈음 돌연 수사관이 두목에게 말했다. "계속 다리를 꼬고 양손을 무릎 위에 올려둔 채로 앉아 있는 모습이 꽤나 '단정'해 보이는군요. 왠지 여성스러운 것도 같고." 이 말을 들은 조직의 두목은 순간 낯빛을 바꾸며 저도 모르게 다리와 손의 위치를 옮겼다. 그러고는 어두운 얼굴로 주변의 부하들을 살폈다.

FBI 수사관의 말을 듣고 내심 놀랐던 부하들은 그 후로 두목의 모습을 유심히 살피기 시작했다. 이렇게 기이한 분위기는 심문이 끝나갈 즈음까지 지속되었다. 이때 수사관이 다시 말했다. "사실 아까 앉아 있던 자세가 더 나았어요. 지금은 일부러 남자다운 척하는 것 같아서 오히려 부자연스러운 느낌이랄까. 보는 내가 다 불편하네요." 그 후, 마약조직 내부에는 '두목이 동성연애의 경향이 있는 것 같다'는 소문이 돌면서 두목의 권위가 크게 실추되었다. 조직원들의 마음이 해이해지기까지는 그리 오래 걸리지 않았고, 결국 FBI 요원들은 증거와 증언을 확보해 사건을 해결할 수 있었다.

그렇다면 왜 마약조직 두목은 이런 하찮은 공격에 자세를 고쳐 앉은 것일까? 그리고 수사관의 말은 왜 두목과 그의 부하들 사이에 이처럼 큰 반응을 이끌어낼 수 있었던 것일까? 사실 두목과 조직원들은 온갖 추궁을 당할 것이라 예상하고 만반의 준비를 하고 왔을 것이다. 그러나 수사관은 엉뚱하게도 앉은 자세가 여성스럽다는 말로 '두목'을 겨냥했다. 따지고 보면 정말 지극히 사소한 습관의 문제였지만 그것이 두목의 문제가 되면서 무한 확대 해석되었고, 결국 두목의 위신과 명성에 영향을 끼쳐 조직원들의 마음에 동요를 일으킨 것이다.

그러나 이런 방법을 사용할 때는 반드시 주의해야 할 점이 있다. 상대가 공격에도 전혀 아랑곳하지 않는다거나 굴복하지 않을 때는 계속해서 그 사소한 문제에 매달릴 것이 아니라 깔끔하게 그 방법을 포기하거나 유머러스하게 화제를 전환하는 것이 상책이라는 점이다. 그 이유는 간단하다. 그 사소하고 디테일한 문제가 때로는 승패를 좌우하는 열쇠가 되기도 하기 때문이다. 그러니 사소한 부분에 대한 공격이 제대로 먹히지 않는다 싶을 때는 즉시 포기하고 상대의 주의를 다른 곳으로 옮겨라.

상대를 꿰뚫어 보는 FBI 심리 기술

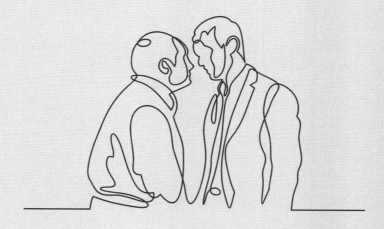

자존심과 자존감이 강한 사람은 타인의 지적이나 비판을 잘 받아들이지 못해
누군가 자신의 행동이나 인격, 일 처리 방식을 깎아내리면 금세 이성을 잃고 만다.
이를 이용하면 상대를 자신이 원하는 방향으로 생각하고 행동하도록 유도할 수 있다.

끈질기게 연속 공격을 가하는
쳇바퀴 전술

범죄 피의자 중에는 강한 정신력과 굳건한 심리적 방패를 가진 사람들이 꽤 많다. 그래서 FBI 수사관들은 이런 유형의 사람들과 마주했을 때 은근과 끈기의 대결을 펼친다. 실제로 심리학자들의 연구 결과에 따르면 제아무리 정신력이 강한 사람이라 할지라도 반복적으로 제기되는 문제나 같은 대답에 염증을 느끼기 마련이며, 이러한 감정은 생각을 어지럽히고, 초조함을 불러일으켜 사람의 마음을 동요시킨다. 그러므로 상대를 자신이 원하는 방향으로 움직이고 싶다면 끈질기게 연속 공격을 가하는 쳇바퀴 전술을 이용하는 것도 한 방법이다.

상대를 꿰뚫어 보는 FBI 심리 기술

부드럽지만 단호하게 거절하는 방법

FBI 수사관들이 사건을 심리하며 발견한 사실이 있다. 그것은 바로 상대를 강하게 오래 자극할수록 상대가 극도의 짜증과 반발심을 갖게 되는 일명 '초한 효과(transfinite effect, 超限效果)'가 나타난다는 것이었다. 특히 용의자는 심문 중 수사관이 가하는 압박과 추궁에 극도로 짜증을 느꼈고, 이러한 감정이 극대화되었을 때 수사관의 심문을 피하지 못하는 모습을 보였다.

FBI 수사관이 한 살인사건의 용의자를 심문했을 때의 일이다. 수사관이 용의자에게 물었다.

"이름이 어떻게 되시죠?"

용의자는 답했다.

"사람 잘못 짚었어요. 난 아무것도 모른다고요."

수사관이 다시 물었다.

"리볼버(회전식 연발 권총)를 사용했습니까?"

"말했잖아요. 사람 잘못 짚은 거라니까요. 난 정말 아무것도 몰라요."

그러자 수사관이 또다시 물었다.

"이름이 어떻게 되시죠?"

"……"

용의자가 질문에 답을 하지 않아도 수사관은 이에 대해 추궁하지 않고 질문을 이어갔다.

"리볼버를 사용하신 것 맞습니까?"

이에 용의자는 말했다.

"아니요. 아니, 난 모른다고요."

수사관은 아랑곳하지 않고 다시 물었다.

"이름이 어떻게 되시죠?"

"……"

"리볼버를 사용했습니까?"

……

이렇게 세 시간가량 끊임없이 질문을 되풀이하자 용의자는 끝내 한계에 도달했고, 결국 자신이 사용한 범행 도구가 리볼버라는 사실을 인정하며 범죄 증거를 어디에 숨겨두었는지를 털어놓았다.

이는 사람의 심리적 한계를 이용해 상대를 극한으로 몰아넣음으로써 상대로 하여금 저항할 의지와 인내심을 잃게 해 끝내는 포기하고 자신의 범행을 인정하게 만든 전형적인 사례다.

이렇게 '초한 효과'를 사건 심리에 활용하는 것이 어쩌면 잔혹하고 인정 없어 보일지도 모르지만, 효과 면에서는 확실하다. 게다가 이 방법은 타인의 불합리한 요청이나 무리한 부탁을 거절할 때도 얼마든지 활용할 수 있다.

우리는 종종 자신의 목적을 달성하기 전까지 절대 포기하지 않는 사람들을 만난다. 그리고 그들의 끈질긴 부탁에 차마 거절하지 못하고 울며 겨자 먹기로 부탁을 들어주곤 한다. 만약 상대의 부탁을 거절하고 싶지만 그럴 듯한 거절의 방법이 떠오르지 않는다면, 혹은 나름대로 늘어놓은 핑계들이 상대에게 전혀 먹히지 않는다면 부탁을 들어줄 수 없는 이유를 반복해서 말해보라. 그럼 생각보다 쉽게 상대의 불합리한 요구를 거절할 수 있을 것이다.

사실 사람들은 매일 일상생활에서 그리고 직장생활에서 대량의 정보와 자극을 받는다. 그러나 수많은 정보와 자극을 감당하는 능력에는 한계가 있고, 그렇기에 자신의 한계를 초과하는 정보를 받았을 때 심리적 반감과 함께 엄청난 짜증이 몰려온다. 더 나아가 지시와는 완전히 반대되는 방향으로 일을 처리하게 된다.

방법은 간단하다. 상대에게 해명을 늘어놓을 필요도, 목소리를 높일 필요도 없다. 그저 흔들림 없는 말투로 같은 이유를 반복해서 이야기하면 그뿐이다. 상대방에게 나의 입장이 확고하다는 사실을 알리는 것이므로 이유는 단 하나면 충분하다. 단, 진실하고, 힘이 있으며, 설득력이 충분해야 한다. 상대가 나의 정보를 받아들여 '초한 효과'의 기제가 발동하면 부탁을 거둬들이고 자연스레 자리를 떠날 것이다. 이는 부드럽지만 단호하고 분명하게 입장을 전달하는 거절

방법으로 자신의 존엄과 이익을 지킬 수 있는 효과적인 방법이기도 하다.

허드와 맥라렌은 대학 시절 룸메이트로 많은 시간을 함께했다. 하지만 졸업 후 각각 다른 소프트웨어개발사에 입사하면서 두 사람의 만남은 눈에 띄게 줄어갔다. 그러던 어느 날, 허드가 갑자기 맥라렌에게 밥을 사겠다고 했고, 오랜만에 두 사람은 함께 술잔을 기울였다. 술잔이 세 바퀴를 돌았을 즈음 허드가 맥라렌에게 만남을 청한 진짜 목적을 털어놓았다. 자신이 요즘 업무적으로 난관에 부딪혔다며 참고자료로 회사의 기밀문서와 소프트웨어 프로그램을 제공해줄 수 없겠냐는 것이었다. 자신이 이 슬럼프를 벗어날 수 있도록 도와달라면서.

물론 맥라렌은 그의 부탁을 들어줄 수 없었다. 그래서 분명히 거절하고, 그 이유를 이야기했다.

"회사의 기밀문서를 볼 수 있는 사람은 극소수야. 나는 접근 권한도 없고. 물론 관련 회의에는 참석하지만 직접적인 개발에 참여한 건 아니라서 내게 자료가 있는 것도 아니야. 게다가 우리 회사 보안이 얼마나 철저한데. 자료를 몰래 빼내다가 걸리기라도 하는 날엔 내 커리어는 끝이라고…….'

그리하여 이날 두 사람은 서로 불쾌감을 안고 헤어졌다.

그러나 문제는 맥라렌이 이미 온갖 이유를 들며 거절했음에도 허드는 여전히 마음을 접지 못했다는 것이었다. 얼마 후, 허드는 또 한 번 맥라렌에게 식사를 대접하며 다시 그 부탁을 했다. 이에 맥라렌은 이런저런 변명을 늘어놓는 대신 이렇게 말했다.

"지난번에도 이미 말했지만 내겐 기밀문서 접근 권한이 없어."

그럼에도 허드는 포기하지 않고 말했다.

"방법을 생각해볼 수는 있잖아. 회사에서 근무 중이니 기밀문서에 접근할 수 있는 사람과 친분이 있을 것 아니야."

"기밀문서에 접근 권한을 가진 사람들은 전부 관리자층이야. 그런데 그들에게 문서나 데이터를 달라고 할 수는 없는 거잖아. 나는 정말 기밀문서에 접근할 수가 없어."

그러자 허드가 애원하며 말했다.

"방법을 좀 생각해줘. 부탁이야."

"회사 보안이 워낙 철저하고 경계가 삼엄해서 난 기밀문서에 접근할 수가 없어."

"……"

"회사 기밀이라 나는 정말 접근할 수가 없어. 전혀 그럴 기회가 없다고."

"……"

맥라렌은 끝까지 기밀문서에 접근 권한이 없다는 이유를 들며 허드가 딴죽을 걸지 못하게 했고, 결국 허드는 이토록 단호한 맥라렌의 모습에 그만 포기를 하고 더 이상 무리한 부탁을 하지 않았다.

위의 사례에서도 알 수 있듯, 어떤 일을 거절할 때 이유를 줄줄이 늘어놓는 것은 그리 좋은 방법이 아니다. 상대를 깔끔히 포기하게 만들려면 머리를 쥐어짜며 온갖 이유를 갖다 붙이기보다는 한 가지 이유를 반복적으로 강조하는 편이 오히려 효과적이다.

'이래도 흥, 저래도 흥'이 아니라 자신의 관점을 고수하라

FBI 수사관들이 여러 사건 수사 경험을 근거로 내린 결론이 있다. 바로 상대방에게 의견을 제시하거나 조언할 때는 '이래도 좋고, 저래도 좋다'는 식이 아닌, 직접적이고 확고한 입장을 전달해야 한다는 것이다.

대부분의 사람들은 다양한 의견을 제시해 상대에게 선택의 여지를 주면 상대의 기분을 상하게 하지 않고 보다 원만하게 일을 처리할 수 있다고 생각한다. 이는 오해다. 상대에게 도움이 되기는커녕 오히려 상대를 더 큰 혼란에 빠트리고, 더 나아가 자신의 이미지에도 타격을 입힌다. 술에 술탄 듯, 물에 물탄 듯한 태도에 상대는 우리를 능구렁이 같은 사람으로 인식해 경계심을 높인다. 왜냐? 바로 영국의 심리학자 P. 시걸이 밝힌 '시걸의 법칙(segal's law)' 때문이다.

상대를 꿰뚫어 보는 FBI 심리 기술

시겔의 법칙이란 손목시계를 하나만 착용하고 있을 때는 현재의 시간을 정확하게 알 수 있지만, 두 개의 손목시계를 착용하면 지금이 몇 시인지를 알 수 없게 되는 현상을 말한다. 두 시계가 가리키는 시간에 오차가 발생해 어느 쪽이 정확한지를 알 수 없어서 정확한 시간 또한 알 수 없게 되는 것이다.

타인에게 의견을 제시하거나 조언을 할 때도 마찬가지다. 갈피를 잡을 수 없는 말을 하거나 너무 많은 선택지를 제시하면 '시겔의 법칙'이 작용해 상대에게 폐를 끼치는 동시에 능구렁이라는 나쁜 이미지를 남기게 된다.

FBI 수사관들은 자신의 관점과 원칙을 고수하는 것이 인간관계에서 무엇보다 중요하다고 조언한다. 상황에 따라 관점과 원칙을 수시로 바꾸는 사람은 타인에게 안정감을 줄 수 없는데, 인간관계에서 안정감은 한 사람을 평가하고 판단하는 근거가 되어 관계의 지속성에 영향을 준다. 다시 말해서 사람은 누구나 상대가 안정감이 있는 사람인지를 판단한 후에 그 사람과의 관계를 이어나갈지를 결정한다. 우리가 그 판단에 명확한 근거를 제공하지 못하거나, 매사에 주관이 없는 사람처럼 군다면 타인에게 인정을 받고 믿음을 얻기가 어려워진다는 얘기다.

알다시피 의견을 주고받는 일은 인간관계에서 매우 중요하다. 그러나 여기서 중요한 점은 사람들이 단순히 더 많은 정보를 얻기 위해 타인의 의견을 구하는 것이 아니라 자신이 가진 정보의 정확성을 증명하고자 타인의 의견을 구한다는 사실이다. 그러므로 친구가 우리에게 의견을 구할 때는 마땅히 친구의 문제를 분석해 건설적인 의견이나 직접적인 판단을 이야기해야 한다. 친구가 우리에게 물은 이유는 스스로 결정을 내리지 못하는 상황이라 그 고민을 끝내줄 명확한 답을 듣고 싶어서이지 진퇴양난의 상황에서 허덕이고 싶어서가 아니기 때문이다.

우리 주변에는 이런 불만을 늘어놓는 사람들이 많다. "나는 친구에게 이런저런 도움도 많이 주고 정말 잘하는데 친구들은 내게 고마워하지를 않아요. 대체 그 이유가 뭘까요?" 아마 그 이유는 매우 간단할지 모른다. 바로 친구에게 많은 조언을 하지만 그중 어느 하나 정확한 답을 제공하지 못했기 때문이다.

예를 들어 친구가 이직을 고민하며 당신에게 이렇게 물었다고 가정해보자. "이직을 하는 게 좋을까, 안 하는 게 좋을까?" 이때 당신은 이렇게 대답할지도 모른다. "네 능력으로 보나 지금 다니는 회사의 비전으로 보나 이직하는 게 좋지. 그런데 어디로 이직할지는 정했어? 일 그만두고 바로 일자리를 못 찾으면 어떻게 하려고?" 문제는 이러한 말들이 이미 친구가 여러 번 고민하고도 남았을, 당신이 굳이 되짚어줄 필요가 없는 이야기라는 점이다. 친구에게 정말 필요한 것은 그에게 확신을 줄 수 있는 분명한 답이다. 그러나 당신

상대를 꿰뚫어 보는 FBI 심리 기술

은 그저 설교를 늘어놓으며 친구를 더 깊은 고민의 늪으로 몰아넣은 셈이다. 이에 상대는 당신이 친구로서 믿음과 지지를 보여주지 않았다고 생각할 테고, 자연히 당신과의 관계가 소원해질 수밖에 없다.

이처럼 '시걸의 법칙'은 꽤나 광범위하게 적용되고 또 정확하다. 두 개의 손목시계는 더 정확한 시간을 알려주는 것이 아니라 오히려 시간에 대한 정확한 판단을 불가능하게 만든다. 이럴 때는 과감하게 손목시계 중 하나를 선택하고, 나머지 하나는 버려야 한다. 그런 다음 자신이 선택한 시계가 가리키는 시간을 기준으로 생활을 조정하면 얼마든지 정상 궤도로 돌아올 수 있다.

인간관계에서 호구가 되지 않는 법

사회생활로 인간관계의 범위가 점점 넓어지면서 다양한 사람들과 만난다. 상사에게 미주알고주알 고자질하길 좋아하는 직장 동료부터 무례하기 짝이 없는 낯선 사람까지……. 이런 사람들과 마주했을 때 당신은 타협과 양보를 선택할지도 모른다. 그러나 이는 잠깐 상황을 모면할 수 있을지는 몰라도 근본적인 해결 방법이 되지는 못한다. 대부분의 경우 타협은 곧 방임이고, 이는 상대를 더욱 기고만장하게 만들기 때문이다.

따라서 '그냥 내가 참고 말지'라는 생각을 가지고 있다면 일상생활이나 직장생활에서 '호구'가 되기 십상이다. 그만큼 타인에게 억압과 괴롭힘을 당하기 쉽다는 뜻이다. 이럴 때 갈등을 해소하는 가장 좋은 방법은 바로 단호한 반격이다.

우리는 살면서 다양한 상황과 마주한다. 특히 직장생활 중 동료나 상사에게 인신공격을 당하거나, 성희롱, 고의적인 신체 접촉 등을 당하기도 한다. 이러한 상황을 마주했을 때 많은 사람은 일자리를 지키기 위해 또는 동료와의 관계가 불편해질까 두려워 그냥 참는 쪽을 선택한다. 하지만 사실 이는 상대의 잘못된 행동을 더욱 부추기는 셈이다.

2004년 〈하버드 비즈니스 리뷰(Harvard Business Review)〉에 스탠퍼드대학교 로버트 서튼(Robert I. Sutton) 교수가 매우 파격적인 관점을 제시했다. 바로 '직장에 있는 또라이들을 처치하라!'라는 것이었다.

과거 한 사이트에서 '직장에서 소인배를 만났다면 어떻게 하겠는가?'라는 설문조사를 진행한 적이 있었다. 그 결과 24.78%의 사람들이 '묵묵히 참겠다'라고 답했고, 23.78%의 사람들이 '상사에게 알려 바로잡겠다'라고 답했다. 이 밖에 14.06%의 사람들은 자신의 이익과 명예에 해가 되는 일은 절대 용인할 수 없다며 직접적으로 반격을 가하겠다고 했다. 혼자만의 힘으로 해결하기보다 다른 사람들과 함께 힘을 모아 대응하겠다는 사람도 13.66%를 차지했다. 단

상대를 꿰뚫어 보는 FBI 심리 기술

체로 힘을 발휘하면 소인배도 음흉한 짓을 하지 못할 테고, 그래야 선의의 경쟁을 벌이는 업무환경을 만들 수 있을 것이라는 이유에서였다. 또한 12.14%의 사람들은 중용의 도를 따르겠다고 했다. 소인배들은 워낙 암암리에 활동하기 때문에 그들에게 부당한 일을 당해도 그 증거를 잡기가 쉽지 않다며 그냥 더러워서 피한다는 생각으로 시시콜콜 따지지 않겠다는 것이다. 한편 0.92%의 사람들은 환경이 그렇다면 자신도 소인배로 전락할지도 모르겠다고 답했다. 이 조사 결과를 보면 이미 많은 사람이 '직장 내 또라이를 처치하라'라는 로버트 서튼의 의견을 받아들이고 또 실제로 행동할 준비를 하고 있다는 것을 알 수 있다.

그런데 사실 이는 직장에서만이 아니라 일상생활에서도 활용할수가 있다. 그 예로 US항공의 부사장은 이유 없이 자신의 직원에게 욕설을 퍼붓고, 신체 위협까지 가하려는 승객을 보고 다른 항공사의 비행기를 이용하시라며 그러면 모두가 행복해질 것이라고 말했다. 그리고는 직접 승객을 타 항공사의 체크인 카운터로 안내해 그가 구매했던 표와 같은 가격의 비행기 표를 구매해주었다. 그는 이렇게 단호한 반격으로 자신의 직원을 보호하고, 무례한 승객을 깔끔하게 저지했다.

인간은 사회적 동물이라 타인과 어울려 살 수밖에 없다. 그러나 사람의 성격은 제각각이기에 내게 함부로 구는 사람을 상대할 마음의 준비가 필요하다. 때로는 강력하게 자신의 이익을 보호하는 것이 나를 지키고, 타인의 존중을 받는 효과적인 방법이 되기도 하며, 나쁜 풍조를 몰아내고 화목한 환경과 분위기를 형성하는 데 도움이 되기도 한다.

무례한 사람을 대처하는 자세에 대해 FBI 요원들은 이렇게 말한다. 사람들은 어떠한 선택을 할 때 자신에게 해가 되는 것을 피해 이익을 좇게 되어 있다며, 그렇다고 해서 모든 사람이 겁쟁이라는 뜻은 아니라고, 그저 모든 사람의 잠재의식 속에 이와 유사한 동기와 인식이 존재하고 있을 뿐이라고 말이다. 그런 까닭에 타인이 지나친 행동을 할 때, 우리가 한발 물러선다고 해도 그들은 아랑곳하지 않고 오히려 더 기고만장해진다는 것이다. 그러니 상대가 도를 넘어선 행동을 하거나 도발을 할 때는 절대 그냥 넘어가지 말고 단호하게 반격하라. 그래야 습관적으로 타인을 억압하고 괴롭히는 사람을 저지할 수 있다.

FBI의 오랜 수사 경험에서 나온 대화의 기술

FBI 수사관들은 말로 사람의 심리를 조종하고, 상대의 태도를 바꿔놓으려면 무엇보다도 대화의 기술이 중요하다고 말한다. 상대의 태도를 바꿔놓는다는 것은 결국 상대가 나의 말에 따라 자신이 내뱉은 말을 다시 곱씹어보고, 자신이 이해하고 있는 인식상의 오류나 부족함을 깨달아 어떠한 사물이나 일을 새롭게 인식하는 과정이기 때문이다.

그렇다면 FBI 수사관들이 오랜 수사 경험을 바탕으로 정리한 대화의 기술에는 무엇이 있는지 살펴보자.

직접적으로 의문을 제기하는 기술

직접적으로 의문을 제기하는 방법은 말 그대로 단도직입적으로 단순 명쾌하게 상대방의 관점이나 인식의 오류를 밝히고 그에 대한 질문을 던지는 것이다. 이러한 방법은 결코 상대를 부정하거나 깎아내리거나 혹은 훈계하려는 것이 아니다. 의문을 제기해 상대를 자극하고, 격려하여 스스로 자신의 결함을 발견하게 함으로써 다시 한 번 문제를 바라보고 내가 제시한 해결 방법을 생각해보게 하는 데 목적이 있다.

예를 들어 감정 문제가 생긴 연인이 있다고 가정해보자. 여성이 헤어지자는 말을 꺼냈지만, 남성은 이를 받아들이지 못하고 펄쩍 뛰며 화를 냈다. 이때 남성의 화를 가라앉히고 그의 태도를 돌리고 싶다면 이렇게 물어볼 수 있다. "정말 아직도 그녀를 사랑해?" 그가 그렇다고 대답한다면 이어서 이런 질문을 던져도 좋다. "하지만 연애는 두 사람이 하는 거잖아. 네가 그녀를 사랑한다고 해서 널 계속 사랑해달라고 요구할 권리는 없어. 그녀가 계속 너와 함께한다면 고통뿐일 텐데 그런 요구는 너무 이기적이잖아. 그런데도 네가 그녀를 사랑한다고 할 수 있을까?" 상대가 이성적인 사람이라면 분명 마음을 가라앉히고 다시 한번 자신을 돌아보며 집착을 버리게 될 것이다.

상대를 꿰뚫어 보는 FBI 심리 기술

인식의 오류를 깨기 위한 과장의 기술

과장하기란 상대의 인지구조를 더 과장된 방식으로 보여줌으로써 상대가 스스로 자신의 불합리함을 깨닫게 하는 기술이다.

예를 들어 단체활동을 꺼리는 동료가 있다고 가정해보자. 그녀는 사람들이 계속 자신을 쳐다보는 게 너무 거북하다고 말한다. 하지만 그녀를 단체활동에 참여하도록 설득해야 하는 상황이라면 과장하는 방법을 사용해볼 수 있다. "사람들이 하릴없이 종일 너만 쳐다본다는 말이야? 그럼 아예 '쳐다보지 마시오'라고 포스트잇에 써서 붙이고 다니는 게 어때?" "그럼 더 눈에 띄잖아. 아마 더 쳐다볼걸!" 이때 이렇게 물어보는 것이다. "그럼 원래는? 포스트잇 붙이기 전엔 널 안 쳐다본다는 거야?" 그러면 동료는 당신이 한 말의 의미를 곰곰이 생각해보며 자신의 마음을 고쳐먹을 것이다. 그럼에도 심리적 장애물을 뛰어넘지 못한다면 심리상담을 받아봐야겠다는 생각을 할지도 모른다. 자신이 가지고 있던 인식의 오류를 깨닫는다면 줄곧 자신을 괴롭혀오던 생각들이 그저 자신의 억측에 불과했음을 알게 되고, 이를 바로잡으려 할 테니 말이다.

다른 사람에게 해명을 부탁하는 기술

FBI 수사관들은 사람은 살면서 이런저런 편견을 가질 수밖에 없다며, 그렇기에 나에게 편견을 가지고 있거나, 불친절한 사람을 만나면 그들에게 보기 좋게 반전을 선사해야 한다고 말한다.

예를 들어 업무 문제로 동료와 말다툼을 했는데, 그 일로 내가 다른 동료들에게 자신의 험담을 하고 다니는 걸로 동료가 오해한다고 가정해보자. 이런 상황에서 필요한 건 바로 사실을 밝혀줄 제3자다. 즉, 그 자리에 있었던 다른 동료에게 부탁해 사실을 밝히는 방법으로 상대의 마음에 있는 응어리를 풀어야 한다는 소리다. 그렇게 하면 상대는 더는 당신에게 의심의 눈초리를 보내지도, 당신을 눈엣가시로 여기며 사사건건 쌍심지를 켜지도 않을 것이다.

사실 이러한 대화의 기술은 어떤 상황에 어떻게 활용하느냐에 따라 그 효과가 달라진다. 그중 타인의 태도를 바꿔놓아야 하는 경우라면, 긍정적이고 우호적이며 재치 있는 어조로 자신의 생각을 이야기할 때, 대화 상대에 따라 말하는 속도와 내용을 적절히 조정할 때, 좌절이나 실패와 관련한 사실들로 나의 관점을 뒷받침해 상대에게 확증편향(자신에게 유리한 정보만 선택적으로 수집하는 것)의 오류가 발생했을 때, 그리고 측면을 공격해 점진적으로 상대의 인식을 바꿔놓을 때 이러한 기술의 효과가 극대화된다.

요컨대 누군가의 태도나 인식을 바꿔놓고 싶다면 상대의 마음과 감정에 영향을 줄 수 있는 대화와 설득의 기술을 활용해보라. 그러면 상대에게 나의 생각을 전달하기가 훨씬 수월해지고, 결국 상대도 내가 원했던 방향으로 일을 진행하게 될 것이다.

상대를 꿰뚫어 보는 FBI 심리 기술

말로 사람의 심리를 조종하고, 상대의 태도를 바꿔놓으려면 대화의 기술이 중요하다
직접 의문을 제기하거나 인식의 오류를 깨기 위해 과장하는 방법을 쓸 수도 있다.
대화의 기술은 어떤 상황에 어떻게 활용하느냐에 따라 그 효과가 달라진다.

FBI 심리 기술 4

∞

눈동자의 움직임에 담긴
정보를 포착한다

하버드대학교 사회심리학과 밀그램 교수는 연구를 통해 인간이 시각적인 동물이며, 인간의 눈은 그 마음을 고스란히 반영한다는 사실을 밝혔다. 이는 CNN 방송국의 한 TV프로그램에서 진행한 게임을 통해서도 밝혀진 바다. 당시 프로그램에서는 출연자의 눈을 가리고, 집게로 코를 집은 후 여러 과일을 맛보고 그 이름을 맞추게 했다. 그런데 출연자들은 의외로 자신이 먹은 과일이 무엇인지 제대로 알지 못했다. 이는 음식을 먹을 때도 우리의 눈이 상당한 역할을 한다는 의미였다.

눈빛은
거짓말하지 않는다

FBI 요원들은 다년간 용의자를 상대하면서 몸짓 언어를 바탕으로 상대의 마음을 읽고 그 심리를 조종하는 방법을 자주 활용해왔다. 그들은 때로 용의자의 보디랭귀지를 통해 상대가 거짓말을 하는지를 판단하기도 하는데, 그중 눈길은 거짓말을 간파하는 주요 수단으로서 사람들이 유독 배우고 싶어 하는 기술이다.

사실 조금의 실수도 없이 완벽하게 거짓말을 하는 것은 그리 쉬운 일이 아니다. 그러나 거짓말을 간파하기가 그보다 훨씬 어렵다. 특히 심리조종술에 관심이 있는 사람이 작정하고 거짓말을 하는 경우 더 어렵다. 상대가 어떤 신호에 거짓말을 간파할지 알기 때문에 자신의 거짓말을 들키지 않도록 정반대의 모습을 보이며 더 완벽하게 위장하려 들기 때문이다. 이에 FBI는 상대가 거짓말을 하는지를 여러 측면에서 종합적으로 분석해 거짓말의 징후를 찾아내는 노하우를 쌓았다. 거짓말을 하는 사람에게 나타나는 여러 징후 중 상대방의 눈은 거짓말을 간파하는 데 가장 중요한 단서가 된다.

상대의 눈을 보고 거짓말을 가려내는 방법은 FBI의 백발백중 기술일 뿐만 아니라 일부 심리학자들의 중점 연구 대상이기도 하다. 이들은 모두 거짓말을 간파하는 데 중요한 신호로 빠르게 눈을 깜빡이는 것을 꼽는다. 실제로 심리학자들은 다년간의 분석연구를 통해 사람이 긴장하거나 빠르게 두뇌 회전을 할 때 눈을 깜빡이는 빈도가 늘어난다는 사실을 발견했다. 물론 이러한 경우에만 눈 깜빡임이 잦아지는 것은 아니다. 예를 들어 일상생활이나 업무 피로로 과도한 스트레스를 받을 때도 눈 깜빡임이 증가하는 경향을 보였다. 심리학자들은 일상생활이나 업무의 리듬이 빨라져 사람이 스트레스를 받으면 평소보다 눈 깜빡임이 4~5배 증가한다는 결론을 내렸다.

빠르게 눈을 깜빡이는 것 외에도 눈빛이 흔들리는 것도 상대가 거짓말을 하고 있다는 중요한 신호다. 눈빛의 흔들림과 거짓말 사이의 상관관계를 알아보기 위해 심리학자들은 일련의 실험을 진행했다. 먼저 심리학자들은 실험 참가자를 두 그룹으로 나누고 그중 한 그룹의 사람이 다른 그룹의 사람에게 거짓말을 하도록 한 다

상대를 꿰뚫어 보는 FBI 심리 기술

음 상세한 분석을 위해 이 모든 과정을 기록했다. 그리고 이어서 참석자들에게 해당 영상을 보여주며 누가 거짓말을 하는지를 맞혀보라고 했다. 그 결과 거짓말을 한 사람들 가운데 30%가 말하며 줄곧 눈빛이 흔들렸고, 이 30% 중 80%가 거짓말을 한 사실이 밝혀졌다. 반면 거짓말을 한 나머지 70%의 사람들은 눈빛에 흔들림 없이 속이는 사람을 똑바로 바라보았고, 그 결과 25%의 사람들만이 거짓말을 한 사실이 들통났다. 즉, 나와 대화를 나누는 사람의 눈빛이 흔들리고 있다면 마땅히 조심해야 한다는 소리다.

이 밖에도 심리학자들이 발견한 사실이 한 가지 더 있다. 바로 남성이 여성보다 거짓말을 알아차릴 확률이 낮다는 것이다. 이는 여성이 남성에 비해 다방면을 관찰해 거짓말의 단서를 찾아내는 데 능하기 때문이다.

심리학자들과 마찬가지로 FBI 또한 용의자들과의 대결을 통해 끊임없이 거짓말을 간파하는 방법을 찾고 있는데, 눈길은 FBI가 거짓말을 식별하는 중요한 단서다. FBI는 어떤 의미에서 눈길이 말의 진위를 암시한다는 사실을 발견했다. 예를 들어 대화를 나누는 사람의 눈이 왼쪽 위를 향하고 있다면 그가 하늘을 나는 사람이나 보라색 하늘, 또는 파란 코끼리 등 상상 속의 무언가를 생각하고 있다는 뜻이다. 그러므로 심문 중 용의자가 수사관에게 날조한 사실을 이야기할 때, 용의자의 눈길이 왼쪽 위를 향하고 있다면, 수사관은 경계심을 높여야 한다. 그렇지 않으면 교활한 범죄자의 농간에 빠지기 십상이다.

이 밖에도 용의자의 눈이 왼쪽 위를 향하고 있을 때 수사관은 그가 어떤 소리를 상상하고 있다는 정보를 얻을 수 있다. 달리 말하면 이 또한 거짓말을 암시하는 셈이다. 예를 들어 그때 무슨 소리를 들었냐는 수사관의 질문에 용의자의 눈이 왼쪽 위로 향한다면 상대는 그저 상상하고 있을 뿐, 그가 당시 아무런 소리도 듣지 못했을 가능성이 크다는 뜻이다.

반대로 상대의 눈이 오른쪽 위를 향한다면 이는 어느 장면이나 청각적 느낌을 회상 중이라는 뜻이다. 그리고 어떤 미각을 떠올릴 때 사람의 눈은 자연스레 왼쪽 아래로 향하며, 혼잣말을 할 때는 대부분 오른쪽 아래로 향한다.

사실 거짓말은 일상생활에서 흔히 볼 수 있는 현상이다. 관련 연구에 따르면 사람들은 약 10분의 대화 중 평균 3번의 거짓말을 한다고 한다. 거짓말을 암시하는 얼굴 표정은 약 25만 가지로, 그중 눈길은 몸짓 언어의 극히 일부분에 지나지 않는다. 눈 깜빡임, 흔들리는 눈빛, 눈살 찌푸림, 고개 젓기, 손 흔들기 등은 모두 거짓말을 암시한다. 그러나 아쉽게도 사람들은 이러한 몸짓 언어에 주의를 기울이지 않는다. 이는 많은 사람이 타인의 마음을 움직이는 데 실패하는 중요한 원인이기도 하다.

상대를 꿰뚫어 보는 FBI 심리 기술

타인의 마음을 움직이고 싶다면 이렇게 작고 사소하며, 눈에 띄지 않는 몸짓 언어가 타인의 마음을 조종할지 아니면 타인에게 조종을 당할지를 결정하는 중요한 요소임을 정확히 인지해야 한다.

　사실 다른 사람의 마음을 움직일 때 가장 중요한 건 몸짓 언어다. 언어는 그저 부차적인 요소일 뿐이다. 예를 들어 수사관이 용의자에게 이렇게 물었다고 가정해보자. "사건이 발생했을 때, 뭘 하고 있었죠?" 이에 상대가 "난 아무것도 하지 않았어요. 당시 열이 나고 몸 상태가 좋지 않아 집에서 일찍 쉬었다고요"라고 말한다면 이때 수사관은 상대의 눈길 변화를 유심히 관찰할 것이다. 만약 상대의 눈이 왼쪽 위로 향했다면 그가 거짓말하고 있을 가능성이 크다. 왼쪽 위를 본다는 건 화자가 현재 열심히 머리를 굴려 어떤 소리나 이미지를 상상한다는 뜻이기 때문이다.

　빌 클린턴 미국 전 대통령이 배심원단에게 르윈스키와의 성 추문에 관해 증언할 때 거짓말을 식별하는 데 결정적인 역할을 한 것이 바로 그의 눈빛이었다.

　르윈스키와 성 추문이 불거진 후 클린턴의 삶에는 큰 변화가 있었다. 그는 자신의 명예를 지키기 위해 어떻게든 반박하려 했다. 그러나 미국의 일부 심리학자들은 클린턴이 배심원단에게 증언하는 과정을 심도 있게 연구했고, 그 과정에서 클린턴이 사실을 말할 때는 눈에 생기가 돌고 빛이 났으며 자신의 코를 거의 만지지 않는다는 사실을 발견했다. 그러나 거짓말을 할 때는 눈빛이 어두워지고, 동공과 눈 주변의 근육이 미세하게 수축했으며, 말하기 전에 자신도 모르게 미간을 살짝 찌푸렸다.

세계적으로 유명한 인간관계 전문가이자 보디랭귀지 전문가인 앨런 피즈(Allen Pease)는《당신은 이미 읽혔다(The Definitive Book of Body)》라는 책에서 거짓말을 할 때 눈의 형태에 대해 이렇게 묘사한다.

"알다시피 아이들은 무언가를 보고 싶지 않을 때, 자신의 손으로 두 눈을 가린다. 이는 지극히 정상적인 반응으로 눈을 만지거나 가리는 방식으로 불쾌함을 차단하려는 것이다. 그런데 사람들은 같은 방식으로 자신이 속이고 있는 사람과의 대면을 피하려 하기도 한다. 눈을 만지거나 가리는 행동이 거짓말을 상징하는 신호의 하나이기에 많은 영화 속에서 이런 플롯을 볼 수 있다. 극 중 인물이 위선자라는 것을 드러내기 위해 눈을 만지는 장면을 넣는다."

누구나 거짓말을 하는 사람을 만난다. 이때 미세한 눈빛의 변화가 상대의 거짓말을 간파할 수 있는 중요한 단서가 된다. 그러니 성공적인 사회생활을 원한다면 상대방의 눈빛을 관찰하는 일을 소홀히 하지 마라. 이를 소홀히 하는 순간, 상대방의 거짓말에 넘어가 타인의 마음을 움직이기는커녕 오히려 상대에게 꼼짝 못하는 신세가 될지도 모른다.

상대를 꿰뚫어 보는 FBI 심리 기술

수사관이 용의자에게

"사건이 발생했을 때, 뭘 하고 있었죠?"라고 물었다.

용의자가 말했다.

"난 아무것도 하지 않았어요. 몸이 아파서 집에서 일찍 쉬었다고요."

이때 수사관은 상대의 눈길 변화를 유심히 관찰한다.

눈길은 거짓말을 간파하는 주요한 수단이기 때문이다.

눈썹에 숨겨진
심리 읽기

인간의 얼굴 표정은 변화무쌍하다. 아무리 미세한 차이라도 생각의 변화를 담아낸다. 때로는 얼굴 표정의 미세한 변화가 상반된 의미를 전달하기도 한다. FBI 요원들은 용의자를 심문할 때 상대방의 얼굴 표정을 유심히 살핀다. 그중에서도 눈썹의 변화는 FBI 요원들이 사건을 해결하는 데 중요한 실마리가 된다.

사실 눈썹의 변화를 통해 속마음을 관찰하는 방법은 아주 오래전부터 사용되어왔다. 그 예로 고대 로마인은 눈썹을 들고 눈을 살짝 내리까는 동작을 오만불손함으로, 눈썹을 들고 눈을 움직이지 않는 것을 굴복의 의미로 받아들였다. 큰 차이가 없어 보이는 이 두

상대를 꿰뚫어 보는 FBI 심리 기술

동작이 전혀 다른 의미를 전달했던 셈이다. 이것이 바로 몸짓 언어의 신비함이며, 눈을 통해 상대의 심리를 파악할 때 눈썹의 미세한 변화를 무시해서는 안 되는 이유다.

여러 심리학자와 FBI 요원 들은 오랜 연구와 실전 경험을 통해 눈썹의 위치에 따라 각기 다른 정보를 전달한다는 사실을 발견했다. 일반적으로 흔히 관찰되는 눈썹의 위치와 그 의미는 크게 네 가지가 있다. 먼저 눈썹과 눈에 움직임이 없을 때는 마음이 평온하다는 뜻이며, 눈썹은 움직이지 않고 눈만 크게 떴을 때는 화가 났다는 뜻으로 위협의 의미가 있다. 한편 눈썹을 치켜 올리고 눈을 움직이지 않는 것은 복종을 뜻하고, 눈썹을 치켜 올리고 눈을 크게 뜨는 동작은 일반적으로 깜짝 놀랐을 때의 반응이다.

이렇듯 무심결에 나오는 눈썹의 움직임도 저마다 다른 정보를 전달하기에 이를 통해 FBI 요원들이 사건 해결에 중요한 단서나 정보를 포착할 수 있다. 남성과 여성 들이 눈썹을 다듬는 데 공을 들여 자신의 눈을 더욱 매력적으로 보이게 하는 것도 이와 같은 이치다. 실제로 많은 여성이 눈썹을 고르게 다듬고, 아이브로펜슬을 이용해 다시 또렷하게 모양을 잡아 자신의 매력을 한층 끌어올린다. 한편 남성은 눈썹 모양을 평이하게 다듬고 눈썹과 눈썹 사이를 좁게 유지하는 편이다. 이런 눈썹을 가진 사람이 위엄 있는 이미지를 주기 때문이다. 그 전형적인 예가 바로 케네디 미국 전 대통령이다.

케네디의 완만한 눈썹은 사람들에게 위엄 있고, 국가와 국민을 걱정하는 이미지를 심어주는 데 한몫했다.

FBI에서도 신입요원을 교육할 때 유명 배우의 사례를 들어 눈썹의 중요성을 가르친다. 예를 들어 우디 앨런(Woody Allen)은 영화 〈애니 홀(Annie Hall)〉에서 눈썹을 자유자재로 움직여 마치 춤을 추는 듯한 눈썹 연기를 보여주었고, 그 결과 많은 호평을 받으며 경력에 전환점을 맞아 자유롭게 작품 활동을 이어갔다. 인상적인 눈썹으로 섬세한 연기를 보인 배우는 비단 우디 앨런만이 아니었다. 영국 배우 배질 래스본(Basil Rathbone)은 마치 오만한 캐릭터를 위해 일부러 만들기라도 한 것처럼 개성 있는 눈썹으로, 그루초 막스(Groucho Marx)는 대사에 따라 춤추는 굵은 눈썹으로 관객들에게 깊은 인상을 남겼다.

이를 통해 우리는 몸짓 언어의 하나인 눈썹의 움직임이 사회생활에 매우 중요한 영향을 미칠 수 있음을 알 수 있다. FBI 요원들이 사건을 해결하는 과정에서 용의자의 눈썹을 유심히 관찰하고 또 눈썹의 변화가 전달하는 정보를 종합하는 데 능한 이유는 바로 이 때문이다.

오랜 연구와 실전 경험을 통해 FBI는 여러 몸짓 언어 중, 사람들이 가장 흔히 보이는 동작으로 눈썹을 살짝 올리는 동작을 꼽았다. 인간관계에서 눈썹을 살짝 올리는 동작은 멀리 있는 사람에게 인사

상대를 꿰뚫어 보는 FBI 심리 기술

를 건네는 것으로 간주된다. 이때 사람들은 보통 눈썹을 빠르게 살짝 올린 다음 금세 제자리로 돌려놓는데, 이러한 동작은 "내가 널 봤어!"라는 메시지를 전달한다. 이 밖에도 FBI 요원들은 이러한 눈썹의 움직임이 세계적으로 광범위하게 사용된다는 것을 확인했다. 심지어 오랑우탄이나 원숭이 같은 영장류 동물들도 이 같은 몸짓 언어로 주변 무리에게 정보를 전달했다. FBI와 심리학자들은 이러한 현상을 통해 눈썹을 가볍게 올리는 동작이 인간의 타고난 능력이라고 미루어 판단한다. 그러나 살고 있는 지역에 따라 동작에 대한 이해가 달랐는데, 그 예로 일본인이 그러했다.

일본인은 눈썹을 가볍게 올리는 동작을 가까운 사람에게 친밀감을 전달하는 동작이 아닌, 무례한 동작으로 이해했다. 일본인 중 일부는 이를 성적인 표현으로 이해하기도 했다. 따라서 FBI는 독심술이나 심리조종술을 배우고 싶어 하는 사람들에게 일본 친구와 교류를 할 때는 신중하게 이 동작을 사용해야 한다고 조언한다. 그렇지 않으면 괜한 오해를 불러일으켜 번거로운 일에 시달릴 수 있다면서 말이다.

사실 여러 연구를 통해서도 밝혀졌듯 누군가를 보고 눈썹을 살짝 올리는 건 일종의 조건반사나 다름없다. 이는 동작의 행위자가 자신이 본 사람에게 인정과 존중 또는 놀라움을 표현하는 것이다. FBI와 심리학자들은 오랜 관찰 끝에 사람들이 자신이 아는 누구에게나 이런 동작을 하지는 않는다는 것을 발견했다. 일반적으로 사람들은 자신과 가까운 관계를 가진 사람이나 존경하는 사람을 만나야 이러한 모습을 보였다. 반대로 자신이 싫어하는 사람이나 경멸하는 사람을 만났을 때는 이런 모습을 보이지 않았다. 눈썹을 살짝 올리는 동작에는 '좋아한다'는 의미가 내포되어 있는 셈이다. 만약 그 상대가 이성이고, 상대방 역시 같은 동작으로 반응한다면 첫눈에 사랑에 빠지는 일도 발생할 수 있다.

이외에도 FBI는 눈썹을 치켜 올리는 동작이 타인의 보호본능을 자극한다는 사실을 발견했다. 먼저 눈썹을 살짝 올리는 동작 자체에 고분고분하다는 의미가 있는데, 눈썹을 치켜 올리면 자신의 눈과 눈썹 사이의 거리가 넓어지면서 눈이 더 크고, 천진해 보여 보는 이에게 보호본능을 불러일으킨다. 이렇듯 우리는 미세한 눈썹의 움직임을 통해 상대방의 속마음을 엿볼 수 있고, 더 나아가 상대와의 대결에서 승리할 수 있다.

1970년대 말, 조지아주 롬(Rome)시의 FBI 상설사무국에서 근무하는 로버트 리어리가 FBI의 유명 프로파일러 존 더글러스에게 전화를 걸어 한 사건에 관해 설명했다. 일주일 전 아델스빌에 거주하는 예쁜 여학생이 집 앞 차로에서 스쿨버스에서 하차한 뒤로 실종된 사건이다. 이 여학생은 열두 살 난 메리 프랜시스였다. 아델스빌

상대를 꿰뚫어 보는 FBI 심리 기술

에서 롬시까지는 차로 겨우 30분이었고, 여학생의 집과 도로 역시 100미터도 채 되지 않는 거리였다. 리어리는 더글라스에게 먼저 이 사건을 처리해달라고 부탁했다.

그 후, 한 쌍의 젊은 부부가 작은 나무가 가득한 오솔길에서 여자아이의 시신 한 구를 발견하고는 즉시 경찰에 신고했다. 조사 결과, 그 여자아이가 바로 메리라는 사실이 밝혀졌다. 발견 당시 메리의 얼굴엔 노란색 외투가 덮여 있었고, 목에는 상처가 남아 있었다. 그리고 머리 부근에 혈흔이 묻어 있는 돌덩이가 놓여 있었다. 파열된 두개골은 돌로 가격을 당했음을, 목의 상처는 누군가 메리의 등 뒤에서 목을 졸랐음을 보여주었다.

메리의 시신이 발견된 후, 경찰은 먼저 피해자의 주변인을 탐문 수사해 메리에 관한 모든 정보를 파악했다. 메리의 지인들은 메리가 매우 친절하고, 사교적이며, 순수하고 귀여운 아이였다고 입을 모았다. 미국 경찰의 표현에 따르면 메리는 '범죄의 표적이 될 위험이 낮은 환경에서 자란 저위험군 피해자'였다.

부단한 노력 끝에 FBI가 특정한 용의자는 24~29세 사이의 백인 남성으로, 전과가 있고 오만한 성격의 군 복무 경력이 있는 전기 기술자였다. 이후 데럴 진 드와이어라는 이름의 백인 남성이 경찰의 시야에 들어왔고, FBI 요원들은 그가 바로 자신들이 그토록 찾아 헤매던, 메리를 죽인 범인임을 직감했다. 데럴을 심문하면서 수사관은 물었다. "메리가 살해당했을 때, 뭘 하고 있었죠?" 그러자 데럴이 말했다. "메리가 살해되기 2주 전, 가지치기를 하러 스토너의 전기회사에 왔으니 그때도 나뭇가지를 정리하는 중이었죠." 수사관은 그를 상대로 거짓말탐지검사를 실시했지만 데럴은 이를 순조롭게 통과했다. 그럼에도 수사관은 데럴에 대한 의심을 거둘 수가 없었다.

FBI는 데럴이 심문에 대응하는 능력이 뛰어나다고 판단하고, 다른 방식으로 그를 압박하기로 했다. 그리하여 FBI는 심문 시간을 저녁으로 옮기고 경찰서에서 심문을 진행했다. 심문을 시작하기에 앞서 수사관들은 취조실을 손봤다. 작은 테이블을 하나 더 들여놓고, 그 위에 사건 현장에서 발견된 혈흔이 묻어 있던 돌을 올려두었다. FBI는 데럴이 정말 범인이라면 혈흔이 묻은 돌을 보고 그냥 지나치지 못할 테고, 그렇다면 분명 몸짓 언어가 그의 비밀을 여실히 말해주리라 기대했다.

역시 심문 과정은 FBI가 생각했던 대로 흘러갔다. 취조실에 들어서자마자 그 돌을 본 데럴은 식은땀을 흘리며 호흡이 가빠졌다. 또한 그의 눈썹에도 눈에 띄는 변화가 관찰되었다. 눈썹이 위로 올라가고 눈이 커졌는데, 이는 데럴이 돌을 보고 놀람과 켕김을 느낀다는 신호가 분명했다. FBI는 눈썹의 움직임이 그가 메리를 살해한 범인임을 보여주는 증거라고 확신했고, 과연 데럴은 더 이상 자신

상대를 꿰뚫어 보는 FBI 심리 기술

의 혐의를 피해 갈 핑계를 찾지 못했다.

메리 살인사건을 해결할 때, FBI는 몸짓 언어를 읽는 방법을 교묘하게 이용했다. 데럴이 혈흔이 남은 돌을 보고 눈썹에 미세한 변화를 보였기에 FBI는 자신들의 생각에 확신을 가질 수 있었다. 용의자와의 대결을 전쟁에 비유한다면 데럴의 눈썹 변화는 두말할 나위 없이 전쟁의 전환점인 셈이었다. 데럴의 눈썹은 그의 감정을 고스란히 반영했고, 이를 본 FBI 수사관은 데럴이 아무리 완벽한 거짓말을 지어낸다 하더라도 눈썹에 드러나는 진실은 감출 수 없다는 것을 알았다.

심리학자의 연구 결과와 FBI의 오랜 실전 경험이 우리에게 말해주는 사실은 매우 분명하다. 바로 눈썹의 움직임이 각기 다른 정보와 심리 상태를 전달한다는 것! 그러므로 눈썹을 통해 타인의 심리 변화를 읽어낼 줄 알면 사회생활에서 얼마든지 타인의 마음을 움직일 수 있다는 사실이다.

동공의 크기로
진실을 파헤친다

오랜 세월 용의자와 대결을 벌여온 경험으로 FBI는 정상적인 사회생활을 할 때든, 범죄자를 심문할 때든 대화하면서 상대의 눈을 관찰해야 한다는 사실을 잘 알고 있다. 눈을 보는 것은 상대에 대한 예의일 뿐만 아니라 '내가 네 말에 귀를 기울이고 있다'라는 뜻을 전달하는 행동이다. 무엇보다도 상대의 눈길을 통해 상대가 거짓말을 하고 있는지 판단할 수 있다. 그러나 여러 심리학자들의 연구 결과와 FBI의 사건 해결 경험을 통해 사람들이 거짓말을 할 때, 눈을 자주 깜빡인다거나 타인의 시선을 피한다거나 혹은 고개를 다른 쪽으로 돌리는 것과 같은 일정한 반응을 한다는 사실이 밝혀졌지만 사람들은 여전히 상대를 똑바로 바라보며 거짓말을 할 때가 많다.

사람들이 거짓말을 할 때 시선을 유지하는지를 검증하기 위해 연구원은 실험을 진행했다. 실험 참가자를 두 그룹으로 나눠 한 그룹의 사람들에게 다른 한 그룹 사람을 속이도록 한 것이다. 그 결과 연구원의 예상과 달리 절반 이상의 사람들이 거짓말을 할 때 상대에 대한 시선을 유지했다. 그들은 흔들리는 눈빛에 거짓말을 한다는 사실이 들통날 수 있다는 걸 알고 있었기에 일부러 더 상대를 똑바로 바라보며 거짓말을 했다. 결국 거짓말을 할 때 눈빛이 흔들려 상대에게 그 사실을 간파당한 사람은 절반이 채 되지 않았다.

흥미로운 점은 상대를 속이는 데 성공한 절반의 사람들 중에서 약 85%가 여성, 나머지 15%가 남성이었다는 사실이다. 이는 남성에 비해 여성이 자신의 눈빛을 제어하는 데 능하다는 뜻으로 여성의 거짓말을 알아차리기가 더 어렵다는 의미이기도 하다.

앞서 언급한 몇 가지 분석을 통해 우리는 일반적인 상황에서 사람이 거짓말을 할 때 눈길이 한쪽으로 치우친다는 사실을 알았다. 그러나 눈길이 향하는 방향에 따른 비밀을 알고 있는 사람들은 분명 변함없는 눈길로 상대를 바라보며 거짓말을 할 것이다. 그래서 FBI 요원들은 타인의 심리를 조종하고 싶다면 대화를 나눌 때 단순히 상대의 눈길이 어디로 향하는지만을 관찰할 것이 아니라 동공의 미세한 변화를 유심히 살펴야 한다고 조언한다.

일반적으로 우리의 눈은 빛을 받으면 동공의 크기에 변화가 생기는데, 심리학 연구 결과에 따르면 심리적인 변화가 생겼을 때도 동공에 변화가 생긴다.

서양에서는 '겜블러가 딜러를 속이는' 이야기가 전해 내려온다. 똑똑한 겜블러들은 베팅할 때 처음부터 자신이 가진 판돈을 올인하지 않고, 소액의 판돈을 건다. 그러나 겜블러들이 보통 사람들과 다른 점은 카지노의 변화에 전혀 신경을 쓰지 않고, 몰래 딜러의 동작을 관찰한다는 점이다. 딜러의 동공이 돌연 확장되었다면 이는 겜블러에게 행운이 따른다는 뜻으로, 달리 말하면 베팅이 적중했다는 얘기다. 이때 겜블러는 판돈을 늘려 더 많은 이익을 취한다.

이 이야기는 인간의 심리 변화가 동공의 변화와 확실히 관계가 있다는 사실을 보여준다. 과학적 연구 결과에 따르면 긍정적인 감정을 가졌을 때 동공이 확장되고, 권태, 번뇌, 혐오 등 긴장의 정서를 가졌을 때 동공이 축소된다. 관련 연구 데이터에서도 감정이 긍정적인 상태일 때 동공이 평소의 네 배 확장되고 부정적인 상태일 때 축소하는 것으로 나타났다. 반감이 있는 사람이나 일을 마주했을 때 마음속에 혐오의 감정이 생겨나 동공이 즉시 축소된다. 축소된 동공이 인간에게 가져다주는 이점은 좀 더 명확하게 눈앞에 놓인 모든 사물을 자신의 눈에 담을 수 있게 한다는 것이다. 즉, 눈앞의 모든 것을 보다 명확하게 바라보고, 보다 효과적으로 자신을 보호할 수 있다는 뜻이다. 심리학자들은 이러한 현상을 '부정의 동공 반응'이라고 부른다. 슬픔을 주체하지 못할 때 눈빛에 생기가 사라지는데, 바로 동공이 축소되기 때문이다. 이와 반대로 긍정적인 감정을 가지고 있으면 동공이 확장된다.

시카고대학교 심리학과 주임교수인 하트 허슨은 사람들이 아름다운 경치나 맛있는 음식 등을 볼 때는 동공이 확장되지만, 전쟁이나 유혈 사태 등 고통스럽고 부정적인 것을 볼 때는 동공이 축소된다는 사실을 발견했다. 그러나 다년간 경험을 쌓아온 FBI 요원들은 상대의 동공이 확대되었다고 해서 모두 거짓말을 하고 있다고 단정할 수는 없다고 말한다. 사람은 공포나 분노, 흥분 같은 감정을 느낄 때도 눈에 띄게 동공이 확장되기 때문이다. 단, 이야기의 주제가 상대의 강렬한 반응을 불러일으킬 만한 것이 아님에도 동공이 눈에 띄게 확장되었다면 이때는 상대가 거짓말을 하고 있다고 판단해도 좋다.

그렇기에 FBI 역시 범죄 용의자와 마주했을 때 상대의 눈길 변화와 함께 동공의 변화를 유심히 살핀다. FBI 요원들은 용의자가 자신의 눈을 똑바로 바라보며 이야기를 한다고 해서 그가 반드시 진심을 이야기한다고 할 수 없다며, 이럴 때일수록 동공의 변화를 관찰해 상대가 거짓말을 하는 것은 아닌지 살펴야 한다고 말한다.

1989년, FBI가 스파이 한 명을 체포했다. 수사관들은 정해진 절

차에 따라 이 스파이를 심문했다. 그런데 이 스파이는 이상할 정도로 우호적이고 협조적인 태도를 보이며 시종일관 자신은 홀로 활동했다고 주장했다. FBI 수사관은 그가 조국과 국민을 위해 자신을 희생하기로 했음을 직감했다.

스파이의 태도는 산전수전을 겪은 FBI 수사관조차 속수무책으로 만들었고, 수사는 난항에 부딪혔다. 하지만 이 스파이와 그 파트너의 존재가 이미 미국에 커다란 위협이기에 FBI는 반드시 그의 파트너를 찾아야만 했다. 이때 FBI의 정보분석가 마크 라이저가 사건 담당자에게 비언어적 행위를 살피면 사건의 실마리를 찾을 수 있을 거라고 조언했다.

수사관들은 수사의 방법을 바꿔 그 스파이 앞에 몇 장의 카드를 늘어놓았다. 모든 카드에 스파이와 함께 일한 사람의 이름이 적혀 있었다. 본격적으로 심문하기 전에 이미 해당 스파이의 파트너일 가능성이 있는 사람들을 모두 조사했던 것이다. 수사관들은 각 카드를 볼 때마다 카드에 적힌 인물에 대해 알고 있는 모든 사실을 말해달라고 스파이에게 요구했다. 물론 FBI 수사관들이 중점적으로 보고자 한 것은 스파이가 무슨 말을 하느냐가 아니라 스파이가 각 카드를 보고, 그에 대한 이야기를 할 때 보이는 신체 반응이었다.

그런데 심문을 시작하고 얼마 지나지 않았을 때, 어느 두 사람의 이름이 적힌 카드를 보더니 갑자기 눈에 미세한 변화가 나타나는 것이 아닌가! 갑자기 눈이 커지고, 동공이 빠르게 확장되더니 미세하게 실눈을 떴다. 해당 스파이가 보고 싶지 않았던 이름이 분명했다. 이 같은 변화는 '단독 행동'이라고 말했던 그의 진술이 영락없는 거짓임을 보여주는 증거였다. 결국 수사관들은 이 두 명의 용의자를 찾아냈고, 이들은 자신들이 간첩활동을 했음을 시인할 수밖에 없었다.

위의 사례와 분석을 통해 우리는 몇 가지 사실을 알 수 있다. 첫째, 능수능란하게 거짓말을 하는 사람들은 거짓을 말할 때도 여전히 흔들림 없는 눈길을 유지해 좀처럼 거짓말임을 알아차리기가 어렵다는 것. 둘째, 똑바로 상대를 쳐다보며 말을 하는 것은 진심을 전하는 중요한 수단이기도 하지만 그저 상대의 눈길에 흔들림이 없다는 사실만으로 상대가 진심일 거라고 속단해서는 안 된다는 것. 때로는 나를 향한 그 눈길도 거짓말을 숨기기 위한 화려한 기술일 수 있다.

그러므로 다른 사람들과 교류할 때 상대를 똑바로 바라봄과 동시에 이에 맞는 몸짓 언어로 우리의 진심에 신뢰를 더해야 한다. 예를 들어 타인의 말을 경청할 때는 상대를 집중해서 쳐다보며 고개를 끄덕이거나 중간중간 추임새를 넣는 방식으로 상대에게 호응할 수 있다. 이러한 방식을 통해 자신의 우의와 진심을 보여주는 것이다. 반대로 누군가에게 어떤 일을 설명하거나 관점을 이야기할 때는 먼저 흔들림 없이 상대를 응시하며 구체적인 데이터나 인물, 장소 등을 근거로 삼아 자신이 하는 말에 객관성과 진실성을 더해야 한다. 물론 이보다 더 중요한 건 항상 진실을 말하는 습관을 길러 타인에게 믿을 만한 사람이 되는 것이다.

사실 FBI의 오랜 경험이든 심리학자들의 연구 결과든 타인의 심리를 조종하고 싶은 사람들에게 시사하는 바는 같다. 때로는 흔들림 없는 눈길도 거짓말을 위한 눈속임일 수 있기에 맹신해서는 안 된다는 사실이다. 그러니 눈길의 변화를 살피는 동시에 다른 부분, 특히 동공의 변화를 관찰하라. 그러면 눈길에 숨어 있는 상대의 진심을 찾아내 거짓말에 속아 넘어가는 불상사를 막을 수 있다.

상대를 꿰뚫어 보는 FBI 심리 기술

눈은
마음의 소리다

    얼굴 표정은 인간의 몸짓 언어 중 가장 대표적이다. 그중에서도 중요한 몸짓 언어가 바로 눈의 언어다. 여러 심리 전문가들은 우리가 흔히 '눈은 마음의 창문이다'라고 말하는 것처럼 눈을 통해 한 사람의 내면세계를 꿰뚫어 볼 수 있다고 말한다. 그런데 실제로 사람의 생각은 그의 눈을 통해 유감없이 드러난다. FBI 요원들에게 눈이 사건 해결의 중요한 단서를 제공할 수 있는 이유도 바로 이 때문이다. 그런 까닭에 우리는 다양한 눈의 언어를 통해 상대의 내면세계를 들여다보고 상대에 대한 초보적인 이해뿐만 아니라 관계의 주도권까지 거머쥘 수 있다.

한 사람의 눈을 관찰해 그의 내면세계를 엿보는 방법은 이미 많은 사람이 인정하고 받아들이는 진리다. 이에 대해 여러 유명인사들이 자신의 견해를 밝히고 있다. 예를 들면 미국의 사상가 랄프 왈도 에머슨(Ralph Waldo Emerson)은 "사람의 눈에는 말이 담겨 있다. 그렇기에 굳이 여러 말을 하지 않아도 눈의 언어를 통해 온 세상을 이해할 수 있다"라고 말했다.

인도의 시인 타고르(Rabindranath Tagore)는 눈에 대해 이렇게 날카롭게 꼬집었다. "말로써 교류하려면 머릿속에 있는 어휘창고에서 적합한 단어와 어구를 모두 찾아내야 한다. 그러나 우리는 항상 적합한 어휘를 찾지 못한다. 타인과 교류하는 과정에는 번역 과정이 필요하기 마련인데, 이러한 과정은 부정확할 때가 많아서 서로가 전하려는 의미에 많은 오류가 발생한다. 하지만 우리의 눈은 번역이 필요 없다. 인간의 생각 자체가 눈을 통해 반영되기 때문이다."

이같이 인간의 눈과 그 심리 상태의 상관관계에 대한 정확한 해석 덕분에 많은 사람이 몸짓 언어로서 눈의 중요성을 깨달았다.

눈의 정보를 읽어내는 방법을 알아내기 위해 심리학자들이 관련 실험을 진행한 적이 있다. 이 실험을 통해 심리학자들은 사람들 사이의 눈 맞춤 시간에도 특별한 의미가 있음을 발견했다. 일반적으로 사람과 사람이 교류할 때 서로 눈을 맞추는 시간이 전체 교류 시간의 30~60% 정도를 차지했다. 전체 교류 시간 중 눈 맞춤 시간이

60% 이상인 경우엔 양측이 서로의 화제에 큰 관심이 있다는 의미였으며, 반대로 눈 맞춤 시간이 30% 미만인 경우엔 서로의 화제에 관심이 없다는 뜻이었다. 심리학자들의 이러한 이론은 사람과 사람 간의 교류 중 눈길에 한 사람의 진심이 즉각적으로 반영된다는 사실을 보여준다. 결국 타인의 눈길을 분석하는 데 능하면 보다 명확하게 상대의 마음을 들여다볼 수 있고, 더 나아가 인간관계에서도 여유를 가질 수 있다는 소리다.

이러한 분석결과만 보더라도 FBI 요원들이 사건을 처리하는 데 왜 눈길을 돌파구로 삼는지 짐작할 수 있다. FBI는 용의자의 눈을 통해 그의 심리 변화를 포착하고 그에 맞는 전략을 구사해 용의자의 심리를 조종해 사건 해결을 앞당긴다.

이외에도 유능한 FBI 요원들은 눈빛을 통해 상대의 성격적 특징을 파악하기도 한다.

FBI의 베테랑 심리 전문가인 조 내버로는 눈빛과 성격의 상관관계를 다음과 같이 정리한다.

눈빛이 맑고 투명한 사람은 마음에 거리낌 없이 정직한 사람일 가능성이 크며, 마음이 좁고 위선적인 사람은 교활하고 어두운 눈빛을 가지고 있을 가능성이 크다. 원대한 포부를 가진 사람은 눈빛에 집념이 서려 있고, 경망스러운 사람은 눈빛을 종잡을 수 없다. 한편, 탐욕스러운 사람은 눈빛에 욕심이 드러나며, 이기적인 사람은 눈빛이 의미심장하다. 또한 열등감을 가진 사람은 눈빛이 어둡고, 자신감에 찬 사람은 눈빛이 깊다. 사실 여러 사실이 인간관계 중 상대방의 눈을 유심히 관찰하면 상대의 내면세계를 꿰뚫어 보고, 더 나아가 관계에서 유리한 위치를 차지할 수 있다는 사실을 말해준다. 실제로 FBI는 사건을 수사하는 과정에서 용의자의 눈빛을 관찰해 수많은 사건들을 해결했다.

예전에 푸에르토리코에 있는 한 호텔에서 방화사건이 일어나 97명이 목숨을 잃었다. FBI는 즉시 팀을 꾸려 사건조사에 나섰고, 세계적인 몸짓 언어의 대가이자 FBI 특별수사관인 조 내버로 역시 이 팀에 합류했다. 얼마 후, FBI가 용의선상에 올린 인물은 다름 아닌 그 호텔의 한 경비원이었다. 공교롭게도 방화사건이 일어난 곳이 그의 관할구역이었기 때문이다.

조 내버로는 방화사건이 발생했을 때 이 경비원이 현장에 있었는지를 확인하기 위해 불이 났을 때 어디에 있었는지, 방화를 했는지 안했는지 같은 구체적인 질문을 던진 후 경비원의 표정 변화를 유심히 살폈다. 경비원의 표정 변화를 통해 수사를 진척시킬 만한 단서를 찾고자 함이었다. 그리고 얼마 지나지 않아 조 내버로는 다른 질문에는 전혀 표정 변화를 보이지 않던 경비원이 "화재가 발생했을 때 어디 있었느냐?"는 질문을 받는 순간에만 눈을 깜빡인 사실을 포착했다. 이는 결코 우연이 아닌 방화사건의 비밀을 밝혀낼 수 있을지도 모를 신호였다. 화재가 일어났을 때 그가 현장에 없었던 것은 분명했기 때문이다.

그렇다고 그가 방화사건과 연관이 없다고 말할 수도 없었다. 그리하여 조 내버로는 경비원을 상대로 심리 전술을 펼쳤고, 끝내 근무시간 중 근무지를 이탈해 그 호텔에서 일하는 여자 친구를 만나러 갔었다는 진술을 받아냈다. 불행히도 그 틈을 타 방화범이 그의 관할구역에 숨어들었고, 그렇게 비극적인 사건을 일으킨 것이었다.

눈 깜빡임이라는 지극히 사소한 동작이 사건 해결의 돌파구가 되어 FBI는 결국 방화범 세 명을 체포하는 데 성공했다. FBI의 공격에 방화범 세 명은 자신들의 범행을 인정했다. 그리고 그 경비원은 형사 책임을 지지는 않았지만 평생 자신의 직무태만이 끔찍한 사건을 야기했다는 죄책감을 안고 살아갈 터였다.

여기에서도 알 수 있듯 인간관계에서 타인의 눈빛을 읽을 줄 알면 상대의 심리를 조종할 수 있다. 그렇다면 어떻게 상대의 눈빛을 관찰하고 더 나아가 상대의 마음을 꿰뚫어 볼 수 있을까?

우리가 주의 깊게 관찰해야 할 몇 가지는 다음과 같다.

1. 처음 만났을 때 상대가 고의로 시선을 좌우로 훑는다면 이는

그가 이미 이번 만남에서 주도권을 차지했다는 것을 뜻한다.

2. 상대가 나와 대화를 나눌 때 시선이 흔들리거나 갑자기 시선을 돌린다면 이는 상대가 대화 주제에 별다른 관심이 없거나 그 주제를 피하고 싶어 한다는 뜻이다.

3. 상대가 나와 눈이 마주친 후 즉시 눈을 돌린다면 이는 상대가 열등감을 가졌다는 의미다.

4. 상대를 쳐다본 후 바삐 눈길을 돌렸다면 이는 내가 상대에게 관심이 많다는 뜻이다.

5. 상대가 나와의 대화를 나누던 중 갑자기 시선을 아래로 내리깐다면 이는 상대가 깊은 생각에 잠겼다는 의미다.

요컨대 인간관계에서 여유롭게 타인의 마음을 꿰뚫어 보고 싶다면 상대방의 눈을 유심히 관찰해야 한다. 많은 심리학자는 사람의 눈이 다섯 개의 감각기관 중 가장 맑고 투명하며, 가장 예민한 만큼 사람의 심리활동을 고스란히 드러낸다고 지적한다. 그만큼 속마음을 감추기 어려운 신체 부위가 바로 눈이다. '눈은 마음의 소리다'라고 말하는 이유다. 다른 사람의 눈을 유심히 관찰하는 것은 타인의 심리를 조종하는 전제조건이다.

순간의 시선에
속마음이 드러난다

    타인의 내면세계를 관찰하는 데 능한 고수들이 공통적으로 하는 말이 있다. 바로 "상대의 내면세계를 관찰하려면 먼저 그 눈의 움직임을 살펴라"라는 것이다. 일상적인 인간관계에서 많은 사람이 상대의 눈의 변화 특히 시선의 변화를 유심히 관찰한다. 실제로 시선의 변화를 살펴 타인의 내면세계를 볼 줄 아는 사람이 좀 더 능숙하게 사교생활을 하는 것으로 드러났다.

    FBI 요원들 역시 용의자의 시선 변화를 관찰해 그 내면세계를 꿰뚫어 보았기에 사건 수사 과정에서 진척을 이룰 수 있었다. 심리학자의 연구에 따르면 사람의 마음에 어떤 욕망이나 감정이 생기면 시선에 변화가 생기는 것으로 나타났다. 그런 까닭에 FBI에게든 타인의 마음을 엿보고 싶어 하는 사람에게든 시선을 통해 상대방의 심리를 파악하는 것은 관계에서 주도권을 잡는 중요한 방법이다.

제임스 섀넌이라는 건축가가 그림 한 폭으로 도난발생률을 낮추는 아이디어를 고안해냈다. 거대한 투명액자에 눈살을 찌푸리는 눈만 덩그러니 그려져 있는 그림이었다. 그 후, 제임스 섀넌은 이 그림을 몇몇 상점의 외벽에 걸어두었다. 과연 그 효과는 제임스가 예상한 대로였다. 이 그림이 걸려 있던 기간에 상점들의 도난발생률이 크게 감소한 것이다. 바로 그 그림 때문에 말이다. 사실 물건을 훔치려는 사람들은 '도둑이 제 발 저리는' 심리를 피하기 어려워 어떻게 해서든 지탄의 눈길을 피하려 하기 때문이었다.

누군가 다른 사람의 눈길에 시선을 다른 곳으로 옮긴다면 이는 그가 죄책감을 가지고 있거나 어떤 일을 숨기려 하는 것일 수 있다.

이 밖에도 심리학자들은 우리가 어떤 시선으로 상대를 관찰하느냐에 따라 상대의 시선이 반영하는 정보 또한 달라진다는 사실을 명심해야 한다고 조언한다.

이에 대해 타인의 심리를 헤아리는 데 정통한 FBI 심리 전문가들은 상대의 시선을 관찰할 때는 다음의 몇 가지를 주의해야 한다고 말한다.

상대를 꿰뚫어 보는 FBI 심리 기술

1. 상대가 자신을 주시하고 있는지 아닌지는 상대의 시선에 숨어 있는 정보를 파악하는 핵심 요소다.

2. 시선의 움직임에 주의한다. 상대가 눈도 깜빡이지 않고 나를 쳐다보고 있든, 눈이 마주쳤다 바로 눈길을 피했든 모두 다른 정보를 내포하고 있다는 것을 명심한다.

3. 상대방이 정면으로 나를 바라보고 있는지 곁눈으로 보고 있는지에 주의한다. 시선에 따라 다른 정보를 반영하기 때문이다.

4. 시선의 움직임을 중점적으로 관찰한다. 아래에서 위로 시선이 이동하는 것과 위에서 아래로 시선이 이동하는 것 또한 서로 다른 정보를 내포한다.

5. 시선의 집중도를 절대 간과해서는 안 된다. 상대방이 집중해서 나를 쳐다보고 있는지 아니면 종종 다른 곳을 바라보는지는 그 차이만큼이나 다른 의미를 포함하고 있다.

여기에서 알 수 있듯 상황에 따라 시선의 위치와 움직임은 각기 다른 심리를 대변한다. 예를 들어 상사와 부하가 업무에 관해 이야기를 나눌 때 상사의 시선은 자연스레 위에서 아래로, 부하의 시선은 아래에서 위로 향하게 마련이다. 달리 잘못한 것이 없는 상황이더라도 부하는 으레 이러한 시선으로 상사를 바라보게 되는데 이러한 시선의 차이는 두 사람의 우열과 지위의 높낮이에 따른 심리를 반영한다.

사실 오랜 실험 결과를 종합하고 사건을 해결하는 과정에서 FBI의 심리 전문가들도 이러한 현상을 발견했다. 사람과 사람이 교류할 때 사람들의 시선 변화가 사람들의 성격과도 밀접한 관계가 있다는 것을 말이다. 일반적으로 교류할 때, 내향적인 성격을 가진 사람이 보다 쉽게 시선을 이동하는 모습을 보였다.

미국의 비교심리학자 리처드 코스는 사람의 성격과 시선의 상관관계를 알아보기 위해 중증 자폐증을 앓고 있는 아동들에게 낯선 성인을 만나 이야기를 나누게 했다. 그리고 좀 더 자세히 그 상관관계를 파악하기 위해 심리학자는 눈을 가린 성인과 그렇지 않은 성인을 아동과 만나게 하고, 심리학자는 그 옆에서 몰래 자폐아동이 어른을 주시하는 시간을 관찰했다. 그 결과 눈을 가리고 있는 어른을 쳐다보는 시간이 눈을 가리지 않은 어른을 쳐다보는 시간보다 훨씬 길게 나타났다. 게다가 전자를 바라보는 시간이 후자보다 세 배나 길었다. 이는 눈을 가리지 않은 어른이 아동 앞에 나타났을 때, 양측의 눈이 마주치면 중증 자폐증을 앓고 있는 아동이 즉시 자신의 시선을 다른 곳으로 돌렸다는 의미였다. 이렇듯 성격이 내향적인 사람들 대부분은 상대를 줄곧 주시할 수 없다.

그런 까닭에 FBI는 상대의 시선 변화를 통해 그 사람의 심리를 조종한다. 또한 FBI의 심리학자들은 사람들이 이성과 마주했을 때 한번 슬쩍 쳐다보고 자신의 시선을 돌리면 이는 상대방에게 호감이 있다는 의미임을 알아냈다.

예를 들어 패셔너블한 젊은 여성이 공공장소에 나타나면 대부분 사람들의 시선이 그녀에게로 모였지만, 젊은 남성들은 한번 슬쩍 쳐다보고는 바삐 시선을 다른 곳으로 돌렸다. 이는 젊은 남성 또한 이 패셔너블한 여성에게 지대한 관심이 있지만, 스스로 자신의 행동을 단속했기 때문이다. 이에 대해 몸짓 언어를 해독하는 데 능한 FBI의 심리학자들은 이성과 마주했을 때는 절대로 시선을 바로 거두지 말라고 조언한다. 그러면 상대방의 반감을 살 수 있다면서 말이다.

사실 사람들의 시선에 반영되는 심리는 위에서 언급한 것보다도 훨씬 다양하다. 눈의 미세한 변화 하나하나가 많은 정보를 전달한다고 해도 과언이 아니다. 그래서 FBI 요원들이 상대의 눈을 관찰해 상대의 심리를 파악하는 것이다. 아무리 꿍꿍이속이 깊은 사람이라고 해도 순간의 시선이 그들의 마음을 드러내기 때문이다.

눈망울의 움직임에
담긴 정보

　심리조종에 능한 일부 사람들은, 특히 FBI 요원들은 눈망울의 움직임에 근거해 상대방의 마음속 비밀을 엿보기도 한다.

　눈망울의 움직임에 담겨 있는 정보를 탐구하기 위해 심리학자들이 진행한 실험이 있다. 피실험자들을 한곳에 모아놓고 "열쇠를 어느 방에 두었나요?", "옷을 몇 벌이나 가지고 있죠?", "언니 또는 누나의 생김새는 어떤가요?" 등과 같이 일반적인 질문을 던졌다. 이때 질문을 받은 사람들의 눈망울이 거의 모두 위쪽으로 움직였다. 사실 지난 일을 회상하거나 미래의 모습을 그리는 것과 같이 머릿속에 어떠한 장면을 떠올릴 때, 다시 말해서 시각적 세계에 빠져들

때 인간의 눈망울은 위쪽을 향하게 된다.

한편, 어떤 음악이나 강연을 들을 때는 눈망울이 정중앙에 위치하는데 이는 청각적 세계에 빠져들었음을 의미한다. 또한 심신의 피로를 느끼거나 신체적으로 외부의 자극을 받았을 때는 눈망울이 아래쪽으로 향하는데 이는 어떠한 감정에 사로잡혔음을 뜻한다.

요컨대 상대의 눈망울이 위로 움직이면 그가 시각적인 이미지를 상상하고 있을 가능성이 크고, 중앙에 위치해 있다면 아름다운 소리를 감상 중일 확률이 높다. 그리고 눈망울이 아래로 움직이면 촉각 자극을 받았다는 뜻으로 해석할 수 있다. 이처럼 눈망울의 움직임은 상대의 속마음을 엿볼 수 있는 또 하나의 방법으로 FBI 요원들이 용의자와의 심리전에서 여러 차례 승리할 수 있었던 이유이기도 하다.

심리학자들의 연구 결과에 따르면 눈망울이 움직이는 방향을 통해 상대의 생각을 읽을 수 있다. 예를 들어, 눈망울이 오른쪽 위로 움직이면 상대가 어떠한 상상을 하고 있다는 뜻으로, 공상을 즐기는 사람이라 판단할 수 있다. 하지만 그렇다고 해서 상대를 터무니없는 공상가로 취급해서는 안 된다. 창의적이고 건설적인 의견이나 발명은 상상에서 시작되기 때문이다. 이런 사람들이 논리적인 분석 또한 뛰어나다는 사실은 이미 많은 연구와 실제 사례를 통해 증명된 바다.

한편 눈망울이 왼쪽 위로 움직이면 '근처에 대형 상점이 몇 개 있었지?', '몇 블록만 지나면 목적지에 도착할 수 있어', '어제 저녁에 뭘 먹었더라' 등과 같이 지난 일을 회상 중이거나 예전에 봤던 장면을 떠올리고 있다는 의미다.

FBI 요원들은 대화 상대의 눈망울이 왼쪽 위로 움직이면 그가 과거의 경험을 떠올리는 중임을 의미할 뿐만 아니라 상대가 평소에도 지난 일을 회상하길 좋아한다는 뜻으로 이런 유형의 사람을 상대할 때는 인내심을 발휘해야 한다고 조언한다. 또한 이러한 사람들의 특징은 다른 사람의 말을 들으면서도 자신의 즐거웠던 지난날을 기억해내는데, 생각보다 우리 주변에는 이런 사람들이 많다고 말한다.

이 밖에도 대화를 나누는 상대의 눈망울이 오른쪽 아래로 움직인다면 이는 상대가 감정의 기복이 심한 사람이라는 뜻이다. 이런 사람들은 비범한 사고능력과 용의주도함을 지니고 있으나 의심이 많은 편이다. 이들은 자신을 탐정쯤으로 생각하며 사소한 흔적 하나에도 상상의 나래를 펼친다. 심리학자들은 이러한 유형의 사람들이 꼼꼼함이 지나치기 때문에 성가신 일에 휘말리지 않으려면 이들과는 되도록 금전 문제로 얽히지 않는 것이 좋다고 조언한다. 여기서 주의할 점은 상대가 이야기를 나눌 때마다 오른쪽 아래를 보는 것이 아니라 가끔 오른쪽 아래를 볼 경우, 그가 하는 말이 진실이 아닐 가능성이 높다는 사실이다.

오른쪽 아래로 움직이는 눈망울이 나타내는 정보와 달리 왼쪽 아래로 움직이는 눈망울은 청각이 작용하고 있음을 뜻한다. 어쩌면 상대가 감정적으로 자신과의 대화를 나누고 있는 중일 수도 있다는 소리다. 예를 들어 자신을 응원하는 말을 건네고 있거나, 자신이 좋아하는 노래를 부르고 있을지도 모른다. 타인의 심리를 조종하는 데 능한 전문가들은 이러한 사람들이 뛰어난 사고능력을 지닌 편이라고 말한다. 근심 걱정 없는 삶을 지향해 게으른 인상을 주기 십상이지만 이는 착각이다. 사실 이들은 자신의 일과 삶을 적절히 안배하는 데 능하며, 타인의 의견을 적극 수렴하고 자신의 생각을 솔직하게 말하는 편이다.

FBI 요원들은 이들이 자유를 중요시하고, 타인을 대하는 데 스스럼이 없는 만큼 이런 사람들과 교류할 때는 절대 압박감을 주어서는 안 된다고 말한다. 그렇지 않으면 상대가 거리를 두려 할 것이고, 일단 거리를 두기 시작했다면 다시 그들의 믿음을 얻기가 쉽지 않기 때문이다. 이런 사람들의 마음을 움직이는 좋은 전략은 가벼운 분위기를 조성하고, 평화로운 태도를 유지하는 것이다.

한편 발화자의 눈망울의 움직임은 또 다른 정보를 담고 있다. 일반적으로 발화자의 눈망울이 왼쪽으로 움직이면 그가 지난 일을 회상하고 있다는 의미다. 예를 들면 얼마 전 쇼핑을 갔던 일이나, 지난달 친구를 새로 사귄 일, 누구와 함께 저녁을 먹었던 일 등을 말이다. 반대로 눈망울이 오른쪽으로 움직이면 이는 내일 할 일이나, 휴일 계획, 새집의 인테리어를 어떻게 할지 등 미래를 상상하고 있다는 의미다. 이처럼 사람들은 과거를 되돌아보거나 미래를 상상할 때 눈망울을 좌우로 움직인다. 그러나 심리학 연구에 따르면 왼손잡이는 예외다.

또한 좌우로 빠르게 움직이는 눈은 또 다른 의미를 담고 있다. 일반적으로 온 힘을 다해 어떤 문제를 생각할 때나 경계심, 긴장, 불안감을 가지고 있을 때 눈망울이 좌우로 움직인다. 여러 상황을 파악하는 동시에 자신의 감정을 가라앉히고 싶어 하기 때문이다. 예를 들어 토론대회에서 힐난을 받은 사람의 눈동자는 항상 좌우로 빠르게 움직이는데, 이는 그들이 상대방의 질문에 대응할 합리적인 답을 찾고 싶어 하기 때문이다. FBI 역시 사건을 수사할 때, 상대방의 눈망울 움직임을 통해 사건 해결의 실마리를 찾는다.

1997년의 어느 날이었다. 그날도 어김없이 FBI 요원들은 워싱턴의 유명 금융 거리를 순찰했다. 대형 금융기관과 증권회사들이 정상 영업을 하는 가운데, FBI 요원들은 한 은행 앞에서 어딘가 표정이 이상한 중년부인을 발견했다. 이 은행은 현지 최대 규모였지만 주변 치안이 나빠 현금수송차량 강도사건이 툭하면 발생했다.

중년부인은 은행의 문 앞에서 좌우를 살폈고, FBI 요원들은 좌우로 빠르게 움직이는 그녀의 눈동자를 놓치지 않았다. FBI 요원들은 이 부인이 뭔가를 찾고 있음을 직감했다. 그리고 얼마 후, 이 부인은 현금수송차량을 향해 빠른 걸음으로 이동했다. 그제야 FBI 요원들은 부인이 줄곧 은행 근처에 세워져 있던 현금수송차량을 눈으로 좇으며, 차량 주변을 배회하고 있었다는 사실을 떠올렸다.

이에 FBI 요원들은 이 부인이 현금수송차량을 훔칠 적당한 시점을 찾고 있다고 판단해 몰래 부인에게 접근했다. 하지만 부인은 주변의 달라진 공기를 감지하지 못했다. 그녀가 권총을 꺼내려고 하는 찰나, FBI 요원들은 신속히 부인을 제압했다.

FBI 요원들은 수사를 통해 이 부인이 테러조직의 일원이며, 이 테러조직이 미국과 일부 유럽 선진국에서 상습적으로 현금수송차량을 훔쳐왔다는 사실을 알게 되었다. 심층 심문 끝에 부인은 자신들의 범행 경로를 털어놓았다. 3년도 채 되지 않는 시간 동안 부인이 속한 테러조직은 48곳의 은행을 턴 것으로 밝혀졌다. 마침내 FBI에게 덜미를 잡힌 것이다.

FBI가 이 부인을 체포하기까지 바쁘게 움직이던 부인의 눈동자가 결정적인 단서가 되었다. 범행을 저지르려고 했을 때, 부인은 분명 긴장감을 느꼈을 것이다. 그런 까닭에 그녀의 눈동자가 좌우로 움직였다. FBI는 좌우로 움직이는 눈길에서 긴장감과 두려움을 읽어내 부인의 일거수일투족을 주시했다. 결국 FBI는 현금수송차량을 탈취하려는 그녀를 체포했고, 은행의 자산을 보호했다.

인간의 풍부한 얼굴 표정 중 눈동자의 움직임은 한 사람의 마음을 반영하고 다양한 정보를 제공한다. 그런 까닭에 현명한 세일즈맨이나 경험이 풍부한 선생님들은 이를 십분 활용한다. 물론 우리도 얼마든지 상대의 눈동자 움직임을 통해 사람의 마음이라는 세상에서 가장 은밀한 비밀을 알아낼 수 있다.

상대를 꿰뚫어 보는 FBI 심리 기술

좌우로 빠르게 움직이는 눈동자.

왼쪽 위로 혹은 오른쪽 위로 움직이는 눈망울 등

눈망울의 움직임에는 수많은 정보가 담겨 있다.

눈망울의 움직임에 근거해 상대방의 마음속 비밀을 엿볼 수 있다.

FBI 심리 기술 5

∞

효과적으로
사람을 다루는 법

"사람을 움직이려면 그 마음을 움직여라." 이는 FBI의 저명한 심리전문가 로버트 K. 레슬러가 강조하는 말이다. 효과적으로 사람을 다뤄 생각한 것 이상의 결과를 이끌어내려면 상대방의 심리를 조종해 그 사람을 움직이는 것이 관건이다. 그래서 그는 다양한 심리 전술을 배워두라고 조언한다.

먼저 '존중'하라

FBI 요원들은 심리조종의 목적이 상대방의 심리적 특징을 철저히 이해해 즉각적인 대응을 하는 데 있다고 말한다. 이를 위해 FBI에서는 사람을 다루는 방법을 매우 중요한 훈련 과목으로 삼는다.

많은 사람이 타인의 심리를 조종한다는 자체를 심오하고 어려운 일로 여긴다. 복잡한 사회 환경 속에서 다른 사람의 심리를 파악하기란 쉬운 일이 아니기 때문이다. 그러나 FBI 요원들은 끊임없는 실전 경험을 종합해 빠르게 상대방의 심리 변화를 파악해 항상 우위를 선점한다. 그들은 사람을 다루려면 먼저 사람을 '존중'하는 법을 배워야 한다고 말한다. 그렇다면 그들이 말하는 사람을 '존중'하는 방법이란 무엇일까?

상대가 이해득실을 따져볼 수 있도록 도와주기

상대방이 이해득실을 따질 수 있도록 도와주는 방법은 상대에게 존중받고 있다는 느낌을 줄 수 있을 뿐만 아니라 서로의 심리적 거리를 좁혀 상대방의 진짜 속마음을 이해하는 데 매우 효과적이라고 FBI 요원들은 말한다. 이것은 결국 큰 그림을 살펴 상대가 불리한 상황에 처하지 않게 해주는 것이다.

미국 오하이오주에 있는 한 대형 도서관에서 강도 인질극이 벌어진 적이 있다. 범인은 책을 읽고 있던 한 여성을 인질로 잡고 그녀의 목에 칼을 들이댔다. 그 소식을 듣고 다급히 현장으로 달려온 도서관 관리인은 범인을 호되게 꾸짖으며 말했다. "약자를 인질로 삼다니, 인정머리 없는 사람 같으니라고! 당장 칼을 내려놓지 않으면 경찰서로 넘길 테니 그리 알라고!"

그러나 범인은 칼을 내려놓기는커녕 오히려 여성의 목에 더 바짝 칼을 들이댔다. 그리고 잠시 후, 신고를 받고 출동한 FBI가 현장에 도착했다. 그들은 다년간의 실전 경험으로 이런 범인을 상대할 때는 심리적 방어선을 무너뜨리는 것이 최고의 방법임을 잘 알고 있었다. 그래야 인질을 다치지 않게 보호할 수 있었다.

상대를 꿰뚫어 보는 FBI 심리 기술

FBI 요원은 잔뜩 긴장한 범인에게 말했다. "이봐요, 무슨 어려운 일이 생긴 모양인데, 당신이 원한다면 내가 도와줄게요. 알다시피 강도짓을 하는 건 좋은 방법이 아니에요. 당신이 계획에 성공하면 5~7년의 감옥살이를 하게 될 테고, 그 과정에 사상자라도 내는 날에는 더 엄중한 처벌을 받을 수 있어요. 하지만 당신도 이런 끝을 보고 싶지는 않겠죠? 그러니 당장 칼을 내려놓으세요. 당신의 인생이, 그리고 자유가 순간의 선택에 따라 달라질 겁니다." FBI 요원의 말에 제압을 당한 범인은 왠지 존중받고 있다는 느낌이 들었다. 결국 그는 이해득실을 따져 칼을 바닥에 내려놓았다.

　　이처럼 '말의 힘은 무궁무진하며, 사람을 움직이는 데 긍정적인 역할을 한다'. FBI 요원들은 사람이라면 누구나 타인에게 존중을 받고 싶어 하는데, 말로써 상대가 이해득실을 따질 수 있도록 도와주면 얼마든지 그 목적에 도달할 수 있다고 말한다.

　　예를 들어 누군가 문득 익스트림 스포츠에 도전하고 싶어 한다고 가정해보자. 이때 "그건 너무 위험해. 내일도 태양을 보고 싶으면 안 가는 게 좋을걸!"이라고 말한다면 상대는 도전을 포기하기는 커녕 오히려 도전해보겠다는 결심을 굳힐지도 모른다.

　　이때는 방법을 달리해 "그 익스트림 스포츠에 도전해 위험에 처할 확률이 90%래. 매년 장애를 입는 사람이 5만 명에 달한다는 통계도 있어. 가족들을 생각해서라도 도전을 포기하는 게 어떨까?"라고 말해보라. 그러면 상대는 이내 동요할 것이다.

후자는 딱딱한 말로 상대를 자극하지 않고, 개인적인 안위와 그 가족의 미래라는 관점에서 출발해 모험에 도전했을 때 발생할 수 있는 위험을 알렸다. 상대가 직접 이해득실을 따질 수 있게 함으로써 상대는 고마움을 느끼고, 서로 간의 신뢰를 높여 결국 익스트림 스포츠에 도전하겠다는 계획을 접을 것이다.

구체적으로 칭찬하기

FBI 요원들은 대다수 사람들이 타인에게 칭찬을 받길 원한다고 말한다. 그러나 칭찬도 적절해야 한다. 요령을 제대로 알지 못해 칭찬을 받는 사람이 한낱 아첨으로 받아들인다면 사람의 마음을 얻기는커녕 반감을 불러일으킬 수 있다.

FBI 요원들은 상대를 칭찬할 때 무엇보다 '디테일'이 중요하다고 강조한다. 구체적일수록 상대가 칭찬을 더 잘 받아들이고, 이로써 효과적으로 사람을 다루는 발판을 마련할 수 있다는 것이다.

예를 들어 상대의 외모를 칭찬한다면 그저 "잘생겼네요"라고 끝낼 것이 아니라 "눈이 부리부리하고 얼굴이 말쑥한 게 왠지 친근감이 느껴지는 얼굴이네요"라고 덧붙여보자. 상대의 성격을 칭찬할 때도 마찬가지다. "정말 성격이 밝고 명랑하네요"라는 말 대신 "당신과 함께 있으면 참 편안하고 즐거워요. 당신과 친구가 되길 원하는 사람들이 정말 많겠네요"라고 말해보라. 사람들은 단도직입적인 칭찬보다 구체적인 칭찬을 좋아하며, 이는 사람의 심리 변화를 엿보는 데 좋은 기반이 된다.

사람의 마음을 움직이는 FBI의 심리 기법은 이렇게 사람을 '존중'하는 데서 시작된다.

상대의 간담을
서늘하게 하는 법

"범죄자를 공격할 때는 단호해야 한다. 상대방의 간담이 서늘해지도록 만들어야 효과적으로 사람을 다룰 수 있다."

FBI 내부교육 중 항상 언급되는 말이다. 한 사람을 움직이려면 필요에 따라 상대의 간담이 서늘해지도록 겁을 주어야 심리적으로 우위를 점할 수 있다는 것이다.

실제로 일부 범죄자들은 FBI라는 이름을 듣고 이에 압도당해 FBI와 맞서기도 전에 달아나기도 한다. 그렇다면 FBI는 대체 어떤 방법으로 범죄자들의 간담을 서늘하게 만드는 걸까?

상대를 꿰뚫어 보는 FBI 심리 기술

어조를 높여 상대에게 겁을 준다

"상대와 대화를 나눌 때 어조를 높이면 심리적인 우위를 점할 수 있다. 무엇보다 상대가 겁을 먹고 어쩔 줄 몰라 한다." FBI 심리연구센터의 트레이너가 한 말이다. 그는 다년간의 심리 연구를 통해 두 사람 간의 대화 중 심리적으로 주도적인 위치를 차지해 상대방의 심리를 조종하는 사람은 말이 빠르고, 어조가 높은 사람임을 발견했다. 이런 사람들은 높은 어조를 통해 상대를 겁먹게 하는 목적을 달성했고, 끝내 상대의 심리적 방어선을 무너뜨렸다.

미국 캘리포니아주는 햇살이 따뜻하기로 유명한 관광지다. 그러나 1998년의 어느 날, 사람들을 공포로 몰아넣은 사건이 발생했다. 검은색 쉐보레 승합차 한 대가 행인들을 덮치며 질주하기 시작한 것이다. 몇 분 후 'FBI' 로고가 박힌 세 대의 차량이 검은색 쉐보레 승합차를 추격하는 데 가담했다. 더 이상 무고한 시민들이 피해를 입지 않도록 FBI는 세 갈래로 나뉘어 승합차를 운전하는 범인을 쫓았다.

15분간 추격이 이어지자 FBI는 확성기를 꺼내 들고 범인을 향해 외쳤다. "우리는 FBI입니다. 전방의 차량은 즉시 차를 세우고 조사를 받으십시오. 즉시 차를 세우고 조사를 받으십시오!……" FBI가 이렇게 몇 번을 반복하자 빠르게 질주하던 승합차가 속도를 조금 낮추는 듯했다. 이 기회를 틈타 재빠르게 승합차를 따라잡은 FBI는 차창 너머로 보이는 운전자에게 큰 소리로 말했다. "우리는 FBI입니다. 즉시 차를 세우십시오. 그렇지 않으면 엄중한 처벌을 받게 될 겁니다." FBI는 이 말을 마치기 무섭게 곁눈질로 범인의 안색을 살폈고, 범인의 입가가 떨리고 있음을 확인했다. 상대가 겁을 먹었다고 확신한 FBI는 계속해서 심리적 압박을 가했다. "즉시 차를 세울 것을 명령합니다! 반항해도 소용없습니다!" 그러자 승합차의 속도가 눈에 띄게 줄더니 결국 도로의 한 귀퉁이에 멈춰 섰다. 이것이 바로 FBI가 어조를 높이는 방식으로 상대에게 겁을 줘 상대의 심리적 방어선을 무너뜨린 전형적인 사례다.

보디랭귀지로 공포감을 조성한다

FBI는 보디랭귀지만으로 얼마든지 사람을 겁먹게 할 수 있다고 말한다. 보디랭귀지에는 뒤이어 행해질 행동이 반영되기 때문이다. 예를 들어 어떤 사람이 주먹을 휘두른다면, 상대는 그가 분노에 가득 찼다는 사실을 깨닫고 그를 멀리할 것이다. 또한 낯선 곳에 도착했을 때 누군가 손가락으로 총 모양을 만들어 자신을 겨냥하는 모습을 봤다면, 위험이 엄습하고 있음을 느껴 그길로 달아날 것이다.

FBI 요원들도 실제 현장에서 이런 보디랭귀지를 사용해 상대에

상대를 꿰뚫어 보는 FBI 심리 기술

게 겁을 줄 때가 많다. FBI가 돈세탁의 혐의를 받는 한 은행의 CFO를 조사할 때도 마찬가지였다. 조사 과정에서 이 은행의 CFO는 한사코 자신의 혐의를 부인했고, 그 탓에 FBI는 3시간이 넘도록 이어진 조사에도 불구하고 쓸 만한 정보를 얻을 수 없었다. 결국 사건 해결의 단서를 찾기 위해서는 그가 스스로 입을 열도록 하는 것이 관건이었다.

이후 FBI는 이 CFO를 재소환해 조사했다. 취조실의 분위기는 지난번과 사뭇 달랐다. FBI 요원이 팔짱을 끼고 약 30분 동안 그 사람 앞을 서성였고, 이에 CFO는 진땀을 흘렸다. CFO의 이마에 맺힌 땀을 보고 시기가 무르익었음을 직감한 FBI 요원은 재빨리 왼손 손가락으로 CFO를 가리키며 큰 소리로 말했다. "당신이 돈세탁에 가담했다는 증거는 이미 확보했으니 어서 범행을 자백하시지요!" 그러자 사색이 된 CFO는 입술을 파르르 떨며 자신의 범행을 순순히 시인했다.

위의 사례에서 FBI는 보디랭귀지를 사용해 '우리가 이미 너의 범죄 증거를 포착했다'는 말에 힘을 실어 공포감을 조성했고, 끝내 경계심을 무너뜨리는 데 성공했다.

주도면밀함으로
불필요한 논쟁을 피하라

    FBI는 효과적으로 사람을 다루려면 먼저 개인적인 자질을 갖춰야 한다고 말한다. 예를 들면 말솜씨라든지 인간적인 매력, 타인을 감화하는 능력이나 호소력 등을 갖춰야 한다. 이러한 자질들을 모두 갖추었을 때 비로소 타인을 움직이는 데 가장 이상적인 자질이라고 할 수 있는 '주도면밀함'이 생긴다고 설명한다. 그래서 FBI 내부교육 중, 경험이 풍부한 베테랑 요원들은 갓 입사한 신입요원들에게 개인적인 자질의 중요성을 누누이 강조한다.

    "실제 현장에서 여러분은 다양한 사람들과 마주하게 될 겁니다. 그리고 그중에는 교육수준이 높은 지능범들도 다수 포함되어 있을

겁니다. 그렇기 때문에 여러분 개개인의 자질을 높이는 것이 무엇
보다 중요합니다. 그래야 어떤 사람을 마주해도 우위를 점할 수 있
고, 상대의 심리를 이용해 우리가 원하는 바를 얻어낼 수 있습니다.
그러니 명심하십시오. 자신이 충분한 자질을 갖췄을 때, 보다 효과
적으로 타인을 움직일 수 있습니다."

FBI의 발전 과정 중 초대 국장 후버가 가장 많이 했던 말이 있다.
바로 "주도면밀함이 없는 사람은 FBI에 부적합하니 일찌감치 포기
하고 집으로 돌아가 커피나 마시세요!"이다. 주도면밀함이 없는 사
람은 변화무쌍한 환경이나 지능범의 공격에 힘없이 무너질 수밖에
없다고 생각했다. 그런 까닭에 FBI 요원들은 지금도 끊임없이 주도
면밀함을 키우기 위해 노력한다.

그렇게 훈련한 주도면밀함을 실전에 활용해 불필요한 논쟁을 피
해 가는데, 그들이 활용하는 구체적인 전략은 이렇다.

상대의 주의를 돌려 논쟁을 피한다

사실 논쟁은 언제든지 벌어질 수 있다. 그러나 논쟁이 충돌로 번
지면 양쪽 모두에게 이로울 것이 없다. 그래서 FBI 요원들은 주의
를 돌리는 방법으로 불필요한 논쟁을 피한다. 예를 들어 두 사람이
어떤 일에 이견을 가지고 있다고 가정해보자. 이처럼 서로 다른 생
각 때문에 논쟁이 벌어지려 할 때 제3자를 이용해 주의를 돌린다.

이견이 논쟁으로 번지는 것을 막을 수 있다. 제3자가 "대표님이 회의에 참석하래요"와 같은 말을 전달해 논쟁을 벌이려는 사람들의 주의를 환기시키면 실랑이가 벌어질 확률이 크게 떨어진다.

우회 전술로 상대와의 갈등을 해소한다

FBI 요원들은 상대와 정면대결을 펼칠 필요가 없다고 생각한다. 무조건적으로 정면대결을 펼치다 보면 당사자 모두가 손해를 볼 수 있는데다 상대의 마음을 움직이는 데도 절대적으로 불리하기 때문이다. 그래서 FBI 요원들은 우회 전술을 적극 활용해 정면대결로 발생할 수 있는 손실을 피하고, 효과적으로 갈등을 해소해 상대의 마음을 움직인다.

FBI는 이처럼 주도면밀함으로 자신의 힘을 유지하며 범인의 심리를 공격한다.

다른 사람에게
신임을 얻어라

"효과적으로 사람을 다루는 열쇠는 상대방에게 신임을 얻는 것
이다." FBI는 일상적인 훈련을 할 때나 실전에서나 항상 이 말을 마
음속 깊이 새긴다. 효과적으로 사람을 부리려면 심리적으로 상대를
통제해야 한다고 생각하기 때문이다. 즉, 상대에게 신임을 얻어 독
립적인 사고를 할 수 없도록 만들어야 진정으로 사람을 움직일 수
있다고 믿는다.

아마 많은 사람이 이런 질문을 던질 것이다. "어떻게 해야 다른
사람에게 신임을 얻을 수 있죠?" 이에 대해 FBI가 종합한 전략은
다음과 같다.

상대의 '약점'을 잡아라

남에게 말할 수 없는 비밀이 있을 때, 사람들은 이 비밀이 만천하에 들통날까 두려워하며 더욱 꽁꽁 숨기려는 경향이 있다. FBI는 바로 이러한 인간의 특성을 이용한다. 상대가 감추고 있는 비밀을 찾아내 그가 자신의 말을 들을 수밖에 없도록 만든다.

상대의 주의를 분산시킨 후 빠르게 공격하라

FBI는 사람은 누구나 심리적 약점을 가지고 있다며, 이를 이용해 빠르게 공격을 가하면 상대방의 마음을 움직여 그의 신임을 얻을 수 있다고 말한다. 이를 위해서는 신속하게 기선을 잡는 것이 관건이다.

엘비스는 30년 경력의 요원으로 그가 FBI에 입사한 첫날부터 줄곧 심리조종술에 관한 훈련을 받아왔다. 2004년, 주 이라크 미국 군사기지에서 이런 사건이 발생한 적이 있었다. 기지의 병사들이 점심 식사 후 휴식을 취하고 있을 때였다. 소매에 '미국 네이비실 (Navy SEAL, 미 해군 특수부대)' 마크가 새겨져 있는 병사 하나가 갑자기 흥분하더니 요리사의 머리에 총부리를 겨눈 것이다.

때마침 길을 지나가던 엘비스가 이 장면을 목격했고, 병사에게 무슨 문제가 있음을 직감한 그는 병사를 위로하며 물었다. "이봐요, 친구. 왜 이러는 겁니까?" 그러자 네이비실 대원은 격한 감정을 드

상대를 꿰뚫어 보는 FBI 심리 기술

러내며 말했다. "나는 이곳이 싫어요. 의미 없는 희생이 지긋지긋하다고요!" 이에 엘비스가 다시 다정하게 물었다. "무슨 어려움이 있는 건가요?" "이게 다 망할 이라크전쟁 때문이에요! 매일 동료들이 희생당하는 걸 지켜봐야 한다고요!" 병사는 포효했다.

몇 마디 짧은 대화를 통해 엘비스는 이 병사가 이라크전쟁에 대한 반감에 충동적으로 일을 벌였다는 것을 알 수 있었다. 병사가 더 큰 일을 저지르지 않도록 심리 전술을 펼칠 필요가 있었다.

엘비스는 병사와 대화를 나누며 끊임없이 질문을 던져 그의 주의를 분산시켰다. 한 시간 남짓 그를 설득한 끝에 병사의 감정이 조금은 누그러지는 것이 보였고, 엘비스는 이 기회를 놓치지 않고 그에게 말했다. "가족들이 모두 당신을 자랑스럽게 생각하겠네요. 가족들은 당신이 사랑과 책임감이 가득한 사람이란 걸 잘 알 테니까요. 단언컨대 그들은 당신이 어리석은 짓을 하길 원치 않을 겁니다."

병사는 이 말을 듣자 작게 흐느끼기 시작했고, 엘비스는 말을 이어갔다. "비록 지금 당장은 불만족스러운 상황에 놓여 있지만 이 시간이 그리 오래 이어지지는 않을 거예요. 하지만 당신이 이렇게 극단적인 방법으로 문제를 해결하려 한다면 타인뿐만 아니라 당신 자신도 상처를 입을 겁니다. 그럼 가족들이 얼마나 슬퍼하겠어요."

엘비스는 네이비실 대원의 심리적 약점을 건드리는 데 성공한 듯 보이자 어투를 바꿔 명령하듯 말했다. "지금 당신이 할 수 있는 가장 현명한 선택은 하나예요. 천천히 내게로 다가와 총을 넘기세요." 현장에 있던 사람들이 과연 그가 엘비스의 명령에 따를지 의심하던 순간, 그는 고개를 떨군 채 천천히 엘비스에게 다가와 손에 들고 있던 총을 건넸다.

분위기를 아우르는 친화력으로 상대를 움직여라

친화력은 사람과 사람 사이의 거리를 좁히고 소통을 증진하는 힘으로, 처음엔 화학 분야에서 사용되는 개념이었다. 그러나 시간이 흐르면서 인간관계에 필요한 힘으로 그 의미가 확장되었다. FBI는 친화력이 있는 사람에게는 힘이 있다며, 이 힘이 상대로부터 신뢰를 높여 자신의 말을 따르게 만드는 데 큰 역할을 한다고 말한다.

한번은 FBI가 아동의 장기매매를 일삼는 국제범죄조직을 체포한 적이 있는데, 이 조직의 우두머리는 40대 여성이었다. 그녀는 FBI의 심문 과정 중 시종일관 큰소리치며 비협조적으로 굴었고, 그 탓에 FBI는 잠시 심문을 중단할 수밖에 없었다.

기록에 따르면 그녀는 어려서 부모를 잃고 일곱 살부터 길거리 생활을 하며 온갖 나쁜 사람들을 만나온 것으로 드러났다. 그렇게 순진하던 소녀는 지금의 '마녀'가 된 것이다. 그녀가 3년이라는 시간 동안 각지로 판매한 아동의 장기만 해도 어림잡아 36개에 달할

상대를 꿰뚫어 보는 FBI 심리 기술

정도로 그녀는 치가 떨리게 잔인한 인물이었다. FBI는 이 두목에게서 가치 있는 정보를 얻어내기 위해 친화력을 가진 베테랑 요원을 심문에 투입했다.

조사가 재개되고 취조실에 들어선 건 친근한 외모의 여성 요원이었다. 이 요원은 범죄 두목에게 바로 심문하지 않고, 온화한 말투로 이렇게 말했다. "대체 뭐가 문제였던 거죠? 뭔가 어려움이 있다면 내가 당신을 도와주고 싶은데." 그러나 범죄 두목은 입도 뻥긋하지 않은 채 그저 가만히 앉아 있을 뿐이었다.

그럼에도 여성 요원은 포기하지 않고 계속해서 질문을 던졌다. "걱정하지 말아요. 당신이 가진 문제를 알려만 준다면, 내가 되도록 빨리 해결할 수 있도록 도와줄게요." 말을 마친 여성 요원은 범죄 두목에게서 뭔가를 바라는 눈빛을 읽어낼 수 있었다. 이는 그녀의 심경에 변화가 생겼다는 증거였다. 이에 여성 요원은 말했다. "장기매매 사실을 시인하고 그 과정을 알려줘야 죗값을 줄일 수 있어요. 그렇지 않으면 당신에게 불리한 결과가 나올 겁니다." 그러자 범죄 두목은 고함을 지르던 이전과는 달리 고개를 숙이며 자신의 범행을 자백했다.

FBI는 바로 이러한 심리조종술을 통해 상대에게 믿음을 얻음으로써 사건 해결에 필요한 조건을 마련했다.

약속을 지키게 하는
심리 기술

우리는 일상생활에서 약속을 이행하지 않는 상대 때문에 종종
곤란한 상황을 겪는다. 그런데 FBI는 상대가 약속을 어기는 것도
우리가 상대의 심리를 제대로 조종하지 못했기 때문이라고 말한다.
다시 말하면 상대가 약속을 이행하게 만드는 데는 심리 기술이 어
느 정도 필요하며, 심리 기술을 어떻게 활용하느냐에 따라 약속을
이행하는 정도가 달라진다는 의미다. 이에 대해 FBI가 종합한, 약
속을 이행하게 만드는 심리 기술은 다음과 같다.

대조법으로 상대에게 'Yes'를 끌어내라

사람들은 과일을 먹을 때 달콤함을 느낀다. 그러나 과일에 고추기름을 발라놓으면 과일은 더는 달콤한 맛이 아니라 맵고 얼얼한 맛이 된다. 이것이 바로 단맛과 매운맛의 대비다.

FBI는 오랜 경험을 통해 이러한 대조법을 효과적으로 활용하면 상대가 약속을 이행하도록 만들 수 있다는 사실을 발견했다. 예를 들어 한 직원이 상사에게 휴가를 받으려고 한다고 가정해보자.

이때 "이러저러한 이유로 유급휴가를 받고 싶습니다"라고 단도직입적으로 이야기하면 상사는 "요즘 회사가 매우 바쁘잖아. 일손도 부족하고. 휴가는 나중에 쓰도록 해"라며 휴가 신청을 거절할지도 모른다.

FBI는 이와 비슷한 상황에서 대조법을 사용해 이렇게 말해보라고 조언한다. "최근에 일이 좀 생겨서 언제 한번 시간을 내 제대로 의논하고 싶은데……." 그러면 상사는 내심 긴장하며 걱정스레 물을 것이다. "대체 무슨 일인데?" 상사가 자신이 파놓은 '함정'에 빠지면 이렇게 말해보라. "이번 달에 남은 연차를 모두 소진하고 싶은데 괜찮을까요?" 이 말을 들은 상사는 긴장의 끈을 놓고 대답할 것이다. "난 또 무슨 큰일인 줄 알았더니 휴가 얘기였어? 그렇게 해."

이렇게 대조법을 사용해 상사의 심리를 조종하면 상사에게서 자신이 원하는 대답을 얻어낼 수 있다.

상대를 '얕잡아보는' 심리 전술로 상대의 고개를 숙이게 하라

FBI는 어떤 일을 하거나 다른 사람과 교류할 때 일을 너무 복잡하게 생각하거나 상대를 너무 과대평가하면 심리적으로 수동적인 위치에 놓일 수밖에 없다고 말한다. 이렇게 되면 자연스레 자신감이 떨어지고, 상대에게 심리적인 공격을 가할 때에도 불리하게 작용할 수밖에 없다는 것이다. 그러므로 일에서나 관계에서나 주도권을 잡으려면 자신에 대한 충분한 믿음이 뒷받침되어야 한다. 때에 따라서는 상대를 '얕잡아보는' 심리 전술로 효과적으로 상대의 심리를 조종할 수 있다는 뜻이다.

FBI는 상대를 '얕잡아봄'으로써 자신감을 높일 수 있다고 말한다. 이러한 자신감이 겉으로 드러나면 상대는 자연스레 나를 '카리스마' 있는 사람으로 인식한다. 자신감과 용기가 발현되면 언어적으로 상대를 압도해 심리적으로 우위를 차지할 수 있기 때문인데, 그러다 보면 상대는 반격을 가하지 못하고 순순히 약속을 이행하게 된다.

교묘히 상대의 반발심리를 잠재워 약속 이행의 조건을 마련하라

FBI는 상대가 제때 약속을 이행하지 않는 이유로 상대가 가진 강한 반발심리를 꼽는다. 상대가 약속을 이행하게 하려면 반발심리부터 교묘히 잠재워야 한다. FBI는 항상 상대의 반발심을 잠재우는

상대를 꿰뚫어 보는 FBI 심리 기술

작업을 선행한다.

FBI는 사건조사를 위해 파견을 자주 나가는 편인데, 한번은 한 요원이 공항터미널에서 승객들 사이에 싸움이 난 것을 목격했다.

"왜 약속을 지키지 않는 겁니까!"

나이가 지긋한 어르신이 이렇게 큰 소리를 치자 중년의 여성이 이를 되받아치며 말했다.

"여권을 주웠으면 주인에게 돌려주는 게 당연하지, 내가 왜 그쪽에게 사례금을 줘야 하죠?"

중년 여성이 부주의로 여권을 잃어버린 후 공항 내 방송을 통해 자신의 여권을 찾아주는 사람에게 300달러의 사례를 하겠다고 약속한 것이다. 30분 후 노인이 화장실에서 여권을 주워 돌려주었는데 사례를 하지 않아 벌어진 다툼이었다.

현장에서 이와 비슷한 상황을 여러 번 겪어봤던 FBI 요원은 중년 여성이 약속을 이행하지 않는 이유가 상대에 대한 반발심에 있으며, 이를 해소하지 않으면 중년 여성은 끝내 약속을 지키지 않을 것이라 확신했다. 그리하여 FBI 요원은 두 사람과 따로 대화를 나눠보았다. 이야기를 나누던 중 중년 여성이 말했다. "여권을 찾는다는 공고를 했지만 대놓고 돈을 요구하는 사람에겐 거부감이 생겨서요. 그래서 사례금을 주고 싶지 않았어요."

한편, 노인은 체념하며 말했다. "사례금을 받으면 어린이재단에

기부할 생각이었는데 못 주겠다고 억지를 부리니 원."

두 사람의 입장을 이해한 FBI 요원은 중년 여성에게 말했다. "부인께서 어르신을 오해하신 것 같네요. 어르신은 사리사욕을 채우려는 게 아니라 사례금을 어린이재단에 기부하려 하셨대요." 이 말을 들은 중년 여성은 노인에 대한 경멸의 시선을 거두고 애초에 약속했던 300달러의 사례금을 건넸고, 이를 지켜보던 주변 사람들은 뜨거운 박수를 보냈다.

그러니 명심하라. 상대에게 약속을 지키게 하려면 그의 마음을 움직이는 것이 관건이다.

상사에게 휴가를 내고 싶다고 말할 때 단도직입적으로

"휴가를 가고 싶습니다"라고 말하기보다

"최근에 일이 좀 생겨서 언제 시간을 내 의논하고 싶은데요"라고 해보라.

상사는 내심 걱정하다가 결국 휴가를 내고 싶다는 말을 들으면

긴장의 끈을 놓고 바로 대답할 것이다.

"그렇게 해."

상대의 허영심을
충족시켜라

　"상대를 만족시키는 것은 효과적으로 사람을 다룰 수 있는 심리 전략 중 하나다." 이는 FBI 행동과학연구팀의 설립자 로버트가 자신의 경험을 종합해 한 말이다. 그는 상대에게 더할 나위 없는 만족감을 안기는 것이 곧 효과적으로 사람을 다루는 열쇠라고 말하며 이를 위해서는 다음 두 가지를 실행해야 한다고 말한다.

　"사람은 누구나 허영심을 가지고 있습니다. 그저 표현의 차이가 있을 뿐이지요. 누군가의 내면세계를 엿보기 위해서는 그 사람이 가진 허영심을 충족시켜줘야 합니다. 그래야 상대의 진짜 생각을 읽어낼 수 있습니다."

FBI 요원들은 항상 이 말을 염두에 두며 사람의 마음을 움직이는 하나의 전략으로 활용한다. FBI가 관찰을 통해 발견한 사실에 따르면 허영심이 강한 사람일수록 쉽게 만족하지 못하는 경향을 보였는데, 그들의 허영심을 충족시켜주자 바로 만족감을 드러냈다고 한다.

2000년도의 어느 평범한 오후, FBI가 명령을 받고 멕시코로 출동했다. 미국에서 세 차례나 폭탄테러를 일으켰던 테러리스트를 추적하기 위해서였다. 워낙 많은 대역을 거느리고 있어서 번번이 FBI의 추적을 따돌리던 테러리스트였다. 그런데 그날 FBI가 심어놓은 스파이가 멕시코 교외의 한 별장에 이 테러리스트가 머물고 있다는 소식을 전해왔다.

믿을 만한 정보를 획득한 FBI는 그 즉시 테러리스트의 은신처로 이동했다. 그러나 그가 머물고 있다는 별장은 높은 벽으로 사방이 둘러싸여 있는데다 CCTV까지 설치되어 있어 외부의 작은 변화도 한눈에 알아차릴 수 있는 구조였다. FBI는 경솔하게 행동하기보다는 일단 별장 안으로 사람을 잠입시켜 내부 상황을 알아보기로 하고 경험이 풍부한 요원 한 명을 거상(巨商)으로 위장시켰다.

'거상'이 별장의 문을 두드리자 안에서 나지막한 목소리가 들려왔다. "누구십니까?"

"멕시코에서 운송업을 크게 하는 사람인데 그쪽과 협력하고 싶어 찾아왔습니다."

상대는 의외로 '거상'의 신분에 대한 의심 없이 그를 응접실로 들였다. 별장 안으로 들어간 '거상'은 FBI가 지명수배 중인 테러리스트를 한눈에 알아보고, 이내 그의 허영심을 충족해주기 위해 큰 소리로 말했다. "다른 친구들이 그쪽 얘기를 많이 하더군요. 자수성가해 해외로까지 사업 진출을 하셨다던데 정말 존경스럽습니다. 이번 기회에 사업적으로 많은 협력을 할 수 있으면 좋겠군요."

테러리스트는 '거상'의 진짜 신분을 전혀 의심하지 않는 눈치였다. 그리고 '거상'의 말에 내심 만족했는지 이내 경계심을 풀었다.

'거상'은 이 기세를 이어가기 위해 테러리스트의 허영심을 충족시켜줄 만한 말들을 늘어놓았고, 테러리스트는 '거상'이 쏟아내는 칭찬에 흠뻑 취해 급기야 '거상'과 호형호제하며 이제야 만난 것을 아쉬워하는 지경에 이르렀다. 심지어 그는 자신의 진짜 신분을 '거상'에게 알려주기까지 했다.

그가 한창 자신의 속마음을 털어놓던 그때, '거상'은 전광석화처럼 빠른 속도로 테러리스트의 양손에 수갑을 채웠다. 자신이 이렇게 기습공격을 당하리라고 예상하지 못했던 테러리스트는 자신의 손에 채워진 차가운 수갑을 보고서야 상황을 파악했다.

이렇게 FBI는 상대의 허영심을 충족시키는 심리 전략으로 상대를 움직여 자신의 목적을 달성했다. 물론 이는 얼마든지 우리가 일상생활에 활용할 수 있는 심리 전술이기도 하다.

요구를 들어주면
경계심을 푼다

FBI는 실제 현장에서 극악무도한 범죄자들을 많이 만난다. 일반 사람들이라면 멀리 피하거나 죽기 살기로 싸우겠지만 FBI 요원들은 절대 그러지 않는다. 그들은 쉽게 범인을 놓아주지도, 그렇다고 섣불리 범인을 자극하지도 않는다. 오히려 가능한 한 상대의 요구를 들어주며 범인의 마음을 어루만져 상대를 공격하기 좋은 시간을 만들어낸다.

범죄심리학자들의 연구 결과에 따르면 범죄를 저지르는 흉악범을 자극하면 오히려 범인의 범행 결심을 강화하고, 범죄 속도를 높이는 결과를 가져올 수 있다. 이에 FBI는 범죄자들을 자극하지 않

상대를 꿰뚫어 보는 FBI 심리 기술

고, 그들이 제시하는 요구사항을 되도록 만족시켜주는 것이 범죄자들을 상대하는 가장 좋은 방법이라고 말한다.

어쩌면 무기력해 보이기까지 하는 FBI의 소극적인 행동에 누군가는 코웃음을 칠지도 모른다. 그러나 최종 결과를 놓고 보면 이러한 생각이 지극히 단편적인 것임을 알 수 있다. FBI가 상대의 요구를 들어주면 심리적 위안을 얻은 상대는 FBI에 대한 경계심을 낮춘다. FBI가 이 찰나의 순간을 놓치지 않고 치명적인 공격을 가하기 때문이다.

2001년, 미국 뉴저지주의 한 은행에서 무장 강도사건이 발생했다. 복면을 쓴 강도는 은행 직원을 향해 라이플을 겨누며 가방에 돈을 담으라고 명령했다. 그는 돈을 챙겨 달아나려 했지만 이미 경찰이 은행 주위를 포위한 상태였다. 이에 복면강도는 은행 직원 한 명을 인질로 삼고 이렇게 소리쳤다.

"3분 안에 차를 준비해. 그렇지 않으면 이 사람은 목숨을 잃게 될 거다!" 현장 경험이 풍부한 FBI 요원은 이 극악무도한 강도가 현재 화가 잔뜩 난 상태라는 사실을 간파했다. 인질의 안전을 위한다면 절대 그를 자극해서는 안 된다고 판단한 FBI 요원은 그의 요구대로 차량을 준비해주었다. 그는 인질을 데리고 서둘러 차량에 탑승하더니 이내 경찰의 시야에서 벗어났다.

차가 달린 지 2시간 즈음 되었을 때였다. 강도는 더 이상 경찰이 쫓아오지 않는다는 사실을 확인하고 내심 기뻐하며 긴장의 끈을 놓았다. 내친김에 길가에 잠시 차를 세우고 쉬어 가자고 생각했다. 그가 차를 세우고 인질과 함께 차에서 내리는 순간, 차가운 수갑이 그의 양손에 채워졌다. 3초도 채 되지 않는 시간에 벌어진 일들에 강도는 어안이 벙벙했다.

취조실에 들어온 그는 여전히 이해할 수 없다는 듯 물었다. "누가 내게 수갑을 채운 거지?" 이에 FBI 요원은 엄숙하게 대답했다. "네 손에 수갑을 채운 사람은 FBI다!" "어……, 하지만 내가 운전한 차량엔 나와 인질 이렇게 둘뿐이었는데. 게다가 이미 멀리까지 이동한 상태였고, 따라오는 차도 없었다고. 그런데 어떻게 그렇게 빠르게 날 체포한 거지?"

FBI는 웃으며 말했다. "우리가 준비한 그 차의 트렁크에 사실은 FBI 요원이 숨어 있었거든. 그 요원이 우리와 지속적으로 연락을 주고받았고, 네가 더 이상 경찰이 쫓아오지 않는다는 사실에 방심하고 길가에 차를 세운 순간, 너 스스로 우리가 체포할 수 있는 절호의 기회를 마련해준 셈이지."

이렇듯 FBI는 도주차량을 준비해달라는 강도의 요구를 들어주어 그가 스스로 경계심을 풀도록 만드는 심리 전략으로 끝내 강도를 체포하며 사건을 해결했다.

상대를 꿰뚫어 보는 FBI 심리 기술

부드러움으로
강함을 이긴다

유연한 방법으로 강한 적을 제압하는 방법은 FBI가 실전에서 자주 사용하는 심리조종술 중 하나다. FBI의 베테랑 심리 전문가는 말한다. "상대와 힘겨루기할 때는 부드러움으로 강함을 이길 수 있느냐가 관건이다." 그렇다면 FBI는 부드러움으로 강함을 이기는 심리 전략을 어떻게 활용하고 있을까?

차분한 설득이 맹렬한 비판보다 낫다

미국 심리학회의 연구 결과에 따르면 타인에게 맹렬한 비판을 받을 때 사람은 불쾌감을 느끼며, 자신을 비판하는 사람과 충돌할 가능성이 크다고 한다. 아마 누구나 이런 경험을 한번쯤 해봤을 것이다. 상대가 분명 좋은 뜻에서 한 말임을 잘 알고 있음에도 상대의 맹렬한 비판을 마주하면 감정이 격해져 끝내 언성을 높이고 마는 것이다.

FBI는 좋은 뜻으로 한 말이 정말 좋은 효과를 발휘하도록 하려면 차근차근 상대를 설득하는 방법을 활용해보라고 조언한다. 사람은 누구나 강한 비판보다 조곤조곤한 설득에 더 귀를 열고, 마음을 여는 법이다. 이와 관련한 FBI의 실제 사례를 살펴보자.

어느 날, 뉴욕 시청 앞에 수백 명의 시위자가 모였다. 뉴욕시의 공무원 임금 5% 삭감 결정에 항의하기 위해 모인 사람들이었다. FBI는 사태가 심각하게 발전하기 전에 시위자들을 설득하기로 하고 FBI 요원 몇 명을 투입해 말했다. "여러분, 공무원의 임금을 삭감하기로 한 시청의 결정은 그리 오래가지 않을 테니 일단 진정하십시오. 임금 삭감은 수입 불균형 문제를 완화하기 위한 임시 방편일 뿐입니다." 그러자 군중 속에서 이러한 목소리가 터져 나왔다. "전부 거짓말이다. 시간을 끌기 위한 시청의 작전일 뿐이다!"

"부디 정부를 믿어주십시오. 이번 난관을 극복하면 삭감했던 임금을 그대로 돌려드릴 겁니다. 그러니 이렇게 시위로 불만을 표출하지 않으셨으면 합니다. 이래서는 문제를 해결하는 데 아무런 도

상대를 꿰뚫어 보는 FBI 심리 기술

움이 되지 않으니까요. 각자 집으로 돌아가 정부의 공지를 관심 있게 지켜봐주셨으면 합니다." FBI 요원의 말을 들은 후 시위자들의 분노는 절반으로 사그라졌다. FBI가 끈질기게 설득을 이어간 끝에 시위자들은 피켓을 정리해 시청 앞을 떠났다. FBI의 차분한 설득이 효과를 본 순간이었다.

따뜻한 말에는 누구도 거부할 수 없는 힘이 있다

사람은 누구나 따뜻한 말을 듣길 좋아한다. 따뜻한 말은 마음속의 온정을 불러일으킬 뿐만 아니라 양측의 심리적 거리를 좁혀주기 때문이다. 이에 대해 FBI 전 요원이었던 로버트 K. 레슬러가 한 말이 있다. "이 세상에 따뜻한 말을 거부할 사람은 없다. 따뜻한 말에는 사람을 설득시키고, 그 마음을 움직이는 마력이 있기 때문이다. 그런 까닭에 FBI는 이를 매우 중요한 심리 전술로 삼는다." 그러면서 그는 자신이 FBI 요원으로 활동하던 당시의 경험을 이야기했다.

그날 나는 본부 지시를 받고 필라델피아로 파견을 나갔다. 현지의 두 기계회사에서 발생한 갈등을 조정하기 위해서였다. 두 회사는 상품의 가격 책정 문제로 날을 세우고 있었다. 그중 한 회사는 상대 회사가 낮은 가격으로 상품을 수출하는 것이 시장가격 책정법을 위반하는 행위라고 생각했다.

한편, 상대 회사는 자신들이 시장경쟁의 룰에 따라 상품을 판매하고 있다며 연방정부의 가격 책정법에 전혀 어긋남이 없다는 입장이었다. 상황을 파악한 나는 두 회사의 갈등을 평화적으로 해결하는 데 설득이 필수임을 직감했다.

나는 두 회사의 대표와 따로 만남을 가졌다. 첫 번째 회사의 대표에게 이렇게 말했다. "귀사가 이렇게 괄목할 만한 성장을 한 것을 보니 정말 기쁘네요. 이게 다 대표님이 회사 경영을 잘하셨기 때문이겠지요. 제 생각입니다만, 다른 회사와의 협력을 강화한다면 더 큰 발전의 기회를 얻을 수 있지 않을까요? 사실 귀사와 다른 회사가 가격문제 때문에 분쟁을 겪고 있다는 얘기는 저도 들었습니다. 그런데 제가 보기엔 그저 그들의 마케팅 전략의 일환일 뿐, 고의적으로 가격을 낮춘 건 아닌 것 같더군요."

다른 회사의 대표를 만났을 때도 나는 이와 비슷한 말을 했다. 그러고는 두 대표가 허심탄회하게 문제를 논의할 수 있도록 만남을 주선했다. 나의 소개로 서로 인사를 나눈 두 대표는 이내 상품 가격 문제에 대해 이야기를 나누기 시작했다. 대화를 나누며 두 사람은 각 회사의 발전 상황과 계획을 설명했고 그 안에서 많은 공통점을 발견했다. 이야기를 나눌수록 마음이 잘 맞아가는 듯하더니 급기야 두 사람은 손을 맞잡고 함께 회사의 발전을 도모해나가는 '친구'가 되기로 했다.

상대를 꿰뚫어 보는 FBI 심리 기술

그렇다면 무엇이 그들을 '적에서 친구'로 만들었을까? 그것은 아마도 따뜻한 말이었을 것이다. 그들의 대화 중 이런 말을 들었기 때문이다. "정말 죄송합니다. 우리 회사 상품의 판매량을 늘리자고 가격을 낮추면서 미처 그쪽의 입장을 생각하지 못했네요. 죄송합니다." "사실 완전히 그쪽 잘못이라고는 할 수 없죠. 우리 쪽에서 가격에 너무 민감하게 반응한 것도 사실이니까요. 앞으로는 우리도 시정하겠습니다." 이렇게 따뜻한 말을 주고받은 후, 두 회사는 이전의 갈등을 해소하고 더 나아가 협력을 약속했다.

FBI의 실제 사례에서도 알 수 있듯이 차분한 설득과 사람의 마음을 따뜻하게 하는 말은 효과적으로 문제를 해결하고 사람의 마음을 가라앉히는 데 큰 도움을 준다. 사람의 심리를 조종하는 데 꼭 필요한 전술이다.

FBI 심리 기술 6

∞

인심을 얻어
내 편으로 만든다

FBI 전 국장 후버는 말했다. "상대와 힘겨루기를 하려면 첫째, 인심을 얻는 법을 배워야 하며 둘째, 배운 방법을 끊임없이 실전에 활용할 줄 알아야 한다." 확실히 그의 말처럼 FBI는 사람의 마음을 사로잡는 다양한 전략과 기술로 상대의 심리를 파악하고 또 조종한다. FBI 요원들이 말하는 심리조종술의 핵심은 바로 인심을 얻는 것이다.

상대를 안심시키는
실수 효과

　미국의 심리연구기관이 작성한 한 연구보고서에 따르면 대다수 사람들은 '대체할 수 없는' 사람이 되기를 희망한다. 시쳇말로 나보다 잘난 사람을 아니꼽게 생각하는 것이 인간의 본성이나 다름없기 때문이다. 사람들은 나보다 더 많은 장점을 가진 사람을 질투하며 호시탐탐 그를 넘어설 기회를 넘본다. 잘난 사람은 매일을 사람들의 질투와 노려보는 시선 속에 살 수밖에 없다. FBI는 이러한 상황에서 벗어나려면 허점을 드러내는 방법을 배워야 한다고 조언한다. 상대에게 일부러 자신의 단점을 내보이면 상대의 질투심에서 벗어날 수 있다.

우리는 모두 남이 자신보다 못해야 비로소 만족감을 느끼게 마련이다. 타인의 인심을 얻으려면 이러한 사람의 심리를 먼저 이해해야 한다고 FBI는 말한다. 사람들의 이러한 심리적 특징을 이용해 '실수 효과(pratfall effect)'를 노리면 생각보다 훨씬 좋은 결과를 얻을 수 있다.

다른 사람이 실수하는 모습을 보면 상대는 어느 정도 만족감을 느끼며 상대가 나보다 못하다는 생각을 갖게 되고, 이로써 마음의 평안을 찾아 자연스레 나보다 못한 그 상대와 친구가 된다.

FBI 전 국장 로버트 뮬러 역시 국제정세가 급변하는 오늘날엔 망신을 당할 용기가 필요하다고 말한 바 있다. 상대와 힘겨루기를 할 때는 상대보다 강하다는 제스처를 취하기보다 자신의 약점을 드러내 인심을 사야 한다는 의미다. 이에 그는 모든 FBI 요원들이 '실수 효과'를 적극적으로 학습하고 활용하도록 독려했다. 그렇다면 FBI는 실제 현장에서 어떤 방법으로 실수 효과를 활용하고 있을까?

절대 겉으로 장점을 드러내지 마라

장점을 드러내지 않으면 사람들이 이에 대해 왈가왈부할 일도 없어진다. FBI 심리연구센터의 한 요원은 이렇게 말한다. "물론 개인이 가진 장점은 성장에 도움이 된다. 하지만 아무 때나 자신의 장점을 드러내고 자랑하지 않도록 주의한다. 그러면 사람들에게 멸시를 받을 수 있고, 때로는 목숨까지 위험해질 수 있다." 그러면서 미국 캘리포니아주에서 발생한 사건을 이야기했다.

한 은행의 이사회가 은행 내부에서 최고재무관리자(CFO)를 공개 선발하기로 했다. 치열한 각축 끝에 후보는 두 명으로 좁혀졌다. 두 후보 모두 은행의 핵심 업무를 담당하며, 상당히 풍부한 경험을 쌓은 인물이었기에 이사회는 쉽사리 결정하지 못했다. 이에 첫 번째 후보는 혼신의 힘을 다해 자신의 장점을 어필했다. 덕분에 이사진은 이 후보가 많은 장점을 가지고 있음을 이해할 수 있었고, 차기 CFO를 맡을 최적의 인선이라고 생각했다. 그렇게 순조롭게 진행될 줄로만 알았던 CFO 선발은 보기 좋게 예상을 빗나갔다.

이 후보가 퇴근하고 집으로 돌아가던 길에 신원 불상자로부터 황산테러를 당해 전신에 90% 화상을 입게 된 것이다. 은행 이사회는 이 소식을 듣고 즉각 조사에 착수했고, 이내 가슴 아픈 사실과 마주했다. 황산테러를 저지른 범인이 다름 아닌 CFO 선거에 참가했던 두 번째 후보였던 것이다.

그에게 왜 이런 잔인한 짓을 했냐고 묻자 그는 냉담하게 말했다. "그가 나보다 더 잘나서요. 내가 CFO에 당선되는 데 방해가 될 테니 어떻게든 손을 써야 했어요. 그가 장애를 입으면 나보다 강한 경쟁 상대가 사라지니, 내가 CFO의 자리에 오를 수 있을 것 아닙니까." 이렇듯 끊임없이 자신의 장점을 드러내던 그 후보는 온몸에 화상을 입는 비극을 맞이했다.

일부러 허점을 드러내는 것을 겁내지 않는다

나보다 잘난 사람을 아니꼽게 생각하는 인간의 심리를 감안해 FBI는 일부러 자신의 빈틈을 드러낸다. 예를 들면 스스로 이렇게 자조한다. "난 정말 바보야. 이렇게 좋은 기회를 놓치다니", "이제 어떻게 하지? 누가 좀 도와줄래?" 이렇게 빈틈을 보이다 보면 상대는 어느새 호감을 갖고 도움의 손길을 내민다.

미국 할리우드의 한 스타가 마약 판매 혐의로 FBI의 조사를 받은 적이 있다. 그러나 FBI는 혐의를 뒷받침할 유력한 증거를 찾지 못했다. 이에 FBI는 이 스타에게 접근해 그에게 충분한 믿음을 얻는 것이 증거를 찾을 수 있는 가장 좋은 방법임을 직감했다. FBI는 인맥을 동원해 이 스타의 매니저로 위장 취업했다. 이 스타와 지내며 FBI는 그가 자신보다 연기를 잘하고, 능력이 있으며, 말솜씨가 좋은 사람에게 특히 반감을 느낀다는 것을 알게 됐다. 스타의 심리를 파악한 후 FBI는 항상 겸손하게 행동했다. 무슨 일이든 스타의 의견을 따랐고, 그의 앞에서 자주 실수하는 모습을 보이기도 했다. 그렇게 시간이 갈수록 스타는 자신이 가장 똑똑한 사람이라는 착각에

상대를 꿰뚫어 보는 FBI 심리 기술

빠져드는 한편, 매니저를 좋은 파트너로 여기기 시작했다. 스타는 중요한 일들을 모두 매니저에게 맡기고 심지어 마약 판매에 가담한 일과 마약을 숨겨놓는 곳까지 모두 매니저에게 알려주었다. FBI는 마약 은닉 장소를 정확하게 파악한 후, 곧장 본부로 무전을 쳐 이를 알렸다. 얼마 지나지 않아 경찰들이 들이닥쳤고 스타는 그 자리에 주저앉았다.

약점을 드러내는 것이 효과적이다

일부러 자신의 약점을 드러내면 상대는 우월감을 느끼며 상대가 나보다 못한 처지라는 생각에 만족감을 얻는다. 이렇게 되면 상대를 구슬리기가 한결 수월해진다. FBI는 더 많은 사람들에게 마음을 얻고 싶다면 그만큼 사람들에게 허술함을 보이라고 조언한다. 영국 코미디연기의 대가 로완 앳킨슨(Rowan Atkinson)처럼 말이다. 로완 앳킨슨 하면 '미스터 빈'이 떠오를 정도로 그는 '미스터 빈'이라는 캐릭터로 많은 사랑을 받았는데, 사실 '미스터 빈'은 실수 효과를 톡톡히 활용해 관객들의 사랑을 받은 좋은 예이기도 하다.

요컨대 사람을 구슬리려면 그만큼 공을 들여야 한다. 그리고 이 과정에서 실수 효과를 활용한다면 효과적으로 인심을 얻을 수 있다.

호감의 법칙,
공감

미국의 한 심리연구기관에서 사회 각층에 속한 200명의 사람을 대상으로 그들이 얼마나 빠르게 친분을 쌓고 친구가 되는지를 실험한 적이 있다. 그 결과에 따르면 공감대가 있을 때 빠르게 친분을 쌓고 친구가 되었다.

FBI 역시 두 사람 사이에 신뢰를 구축해 서로 못 하는 말이 없을 정도의 사이가 되는 데는 공감대가 관건이라고 말한다. 공감대가 없으면 서로에 대한 믿음을 갖기가 어려워 더는 교류를 지속할 수 없다. 실제로 FBI에서 30여 년을 근무한 한 심리조종술의 대가는 이런 말을 하기도 했다. "두 사람 사이에 공감대나 공통의 화제가

상대를 꿰뚫어 보는 FBI 심리 기술

없다면 심리 거리를 좁혀 친구가 되기 어렵다." 사람은 누구나 자신과 공통점을 가진 사람과 어울리길 바란다고 그는 말한다. 쉽게 말해서 공감대가 있어야 대화가 통하기 마련이고, 대화가 통해야 마음의 거리를 좁혀 상대방의 심리 변화를 파악할 수 있다. 더 나아가 사람의 마음을 얻을 수 있다.

게다가 그는 이렇게 덧붙였다. "요즘 사람들은 낯선 상대나 공감대가 없는 사람에게 무관심하다. 이런 추세는 날로 더 심화되고 있다. 친구 되기가 점점 어려워지지만 공통의 화제를 가진 사람을 만나면 이야기는 달라진다. 대화가 통하는 상대라면 금세 우정을 쌓고 흉금을 터놓는 사이가 될 수 있다."

사실 FBI가 용의자와의 기 싸움에서 매번 만족할 만한 결과를 이끌어낼 수 있는 이유는 이를 적극 활용하기 때문이다. 그렇다면 FBI는 어떻게 이러한 인간의 심리를 활용하고 있을까?

상대의 말에 귀 기울여 공통의 화제를 찾는다

"상대와 정말 친구가 되고 싶은데, 항상 공감대를 찾는 데 실패해요. 어떻게 화제를 전환해야 할지도 모르겠고요. 대체 뭐가 문제일까요?" 이에 대한 FBI의 답은 이렇다. "상대의 말을 경청하지 않았군요."

FBI는 '경청'이 지속적인 교류에 직접적인 영향을 준다고 말한다. 다시 말해서 한 사람이 다른 사람의 말에 반감을 가진다면 그는 상대와 공감대를 형성하기 어렵고, 친구가 되기는 더더욱 어려워진다는 소리다. 그러나 상대의 말에 진심으로 귀를 기울이면 공통의 화제를 찾을 수 있고, 허물없는 친구도 될 수 있다.

몇 년 전, 미국 뉴욕 도심 광장에서 무장 강도사건이 연달아 발생한 적이 있다. 목격자의 말에 따르면 무장 강도들의 나이가 20대 정도로 보였다고 했다. 그러나 나이에 비해 범행 수법이 꽤 노련하고 조직적이었다. 피해자들은 강도들이 금품을 손에 넣은 후 눈 깜짝할 사이에 자취를 감췄다고 입을 모았다. 관련 통계에 따르면 이 강도단의 범행 횟수가 총 2만 건에 달할 정도였고, 이에 FBI는 우스갯소리로 이들을 '강도 전문가'라고 불렀다.

사실 FBI는 이 강도단의 배후에 뒷배가 있음을 확신하고 심도 있게 조사를 진행 중이었다. 조사 중, FBI는 이탈리아 국적의 40대 남성이 이 범죄조직의 두목이며, 부하들에게 자주 손찌검을 할 정도로 폭력적인 성향임을 알아냈다. 정보를 입수한 후, FBI는 조직원으로 위장해 '강도단'에 잠입하기로 했다.

순조롭게 잠입에 성공한 FBI는 가장 먼저 조직 두목의 은신처를 파악하려 했지만 좀처럼 기회가 주어지지 않았다. 그래도 다행인건 꽤 많은 조직원들이 두목의 행동에 불만을 품고 있다는 사실이

상대를 꿰뚫어 보는 FBI 심리 기술

었다. 그중 한 명은 낮은 목소리로 위장한 FBI에게 말했다. "작전에 성공하면 뭐해. 금품은 전부 보스 혼자 차지하고 우리에겐 떨어지는 것도 없는데. 한번은 내 몫을 나눠달라고 하니까 손찌검을 하더라니까. 그때 앞니 두 대가 나갔어."

FBI는 이것이 조직원을 포섭할 절호의 기회임을 직감하고 그의 말에 공감하며 말했다. "듣고 보니 우리 둘 다 불의를 참지 못하는 성격이네. 나도 보스에게 이득을 나누자고 말했다가 흠씬 두들겨 맞았거든." FBI가 말을 마치자 조직원은 그의 어깨를 두드리며 말했다. "역시, 그럴 줄 알았어. 너도 정당한 우리의 몫을 받아야 한다고 생각하는구나! 이런 일은 우리가 힘을 합쳐야지."

FBI는 이 방법으로 모든 조직원의 칼끝이 조직 두목에게 향할 때까지 끊임없이 조직원들을 포섭했다. 그리고 끝내 무력 동원 없이 조직을 와해시켜 그 두목을 체포하는 데 성공했다.

공통의 화제가 없어도 있는 척한다

사람을 구슬리기 위해서는 반드시 공감대를 형성해야 하고, 이를 위해서는 공통의 화제가 필요하다. FBI는 아무리 찾아도 공통의 화제가 없다면 있는 척으로 사람의 마음을 얻을 수 있다고 말한다.

FBI 심리연구팀이 공통의 화제가 사람의 마음을 얻는 데 미치는 영향력을 증명하는 테스트를 한 적이 있다. 각기 다른 성격을 가진 사람들을 2인 1조로 나눈 다음 한 치 앞도 볼 수 없는 캄캄한 방에 들어가도록 해 어느 조가 더 오랫동안 그 방에 머무르는지를 보았다. 100개의 조가 테스트에 참가했고, 그 결과 캄캄한 방에서 30분 이상 머문 조는 15개 조뿐이었다. 그들에게 오랜 시간 버틸 수 있었던 비결이 무엇이냐고 묻자 그들은 이렇게 답했다. "끊임없이 대화를 나눴더니 외로움이 덜 하더라고요. 처음 이야기를 시작했을 때는 별로 관심이 없는 화제라 그냥 열심히 듣는 척했는데, 그러다 보니 상대방의 말이 점점 많아졌고 그렇게 30분을 버틸 수 있었던 것 같아요." 그들은 공통의 화제를 만들어가는 방법으로 캄캄한 방에서 30분을 버틴 것이다.

상대의 관심사를 중심으로 대화를 나눈다

사람들은 대부분 자신과 같은 생각을 가진 사람과 소통 및 교류하고 싶어 한다. 그러나 저마다 가정환경이나 성장 배경, 개인적인 자질에 차이가 있으므로 매번 자신과 같은 생각을 가진 사람을 찾기란 쉬운 일이 아니다. 물론 FBI도 사람 간에 어느 정도 차이가 있기에 자신과 비슷한 생각을 가진 사람을 찾기 어렵다고 말한다. 하지만 생각을 조금만 바꿔 상대가 관심 있어 하는 주제를 찾아 이를 중심으로 대화를 나누면 얼마든지 사람의 마음을 얻을 수 있다고 조언한다.

상대를 꿰뚫어 보는 FBI 심리 기술

상대가 관심 있어 하는 주제를 중심으로 이야기를 나눈다는 것은 상대를 '중심점'으로 삼아 타인의 사고방식을 따라간다는 뜻이다. 즉, 소통 과정에서 조금씩 공통된 의견을 찾아가는 방법이다. 예를 들어 상대가 국제적인 핫이슈에 대해 이야기를 한다면, 굳이 화제를 전환하려 하지 말고 그 주제를 따라 이야기를 나눈다. 그러면 상대는 심리적으로 당신을 한층 가깝게 느낄 것이며, 당신을 자신과 같은 생각을 가진 사람으로 인정해 어느덧 마음을 내어줄 것이다.

뉴욕에서 파리로 향하는 항공편에 FBI가 몸을 실었다. 국제밀수범을 체포하라는 지시가 내려왔기 때문이다. 교활한 밀수범은 성형수술까지 감행해 이미 예전의 모습을 찾아볼 수 없는 상태여서 범인을 체포하는 게 녹록지 않았다.

장거리 비행 중, FBI는 헌팅캡을 쓰고 한 손엔 서류 가방을 들고 비행기에 오른 한 남성과 이야기를 나누기 시작했다. "모습을 보아하니 큰일을 하시나 봅니다."

"아이고 뭘요. 가족을 부양할 정도의 작은 사업을 하고 있을 뿐이지요." 사업가가 웃으며 답하더니 이내 말을 이었다. "파리에도 제 제품들이 있는데 관심 있으시면 소개해드리지요."

이에 FBI가 말했다. "저도 사업에 관심이 많은데, 무슨 제품이죠?" 그러자 사업가가 나지막한 목소리로 말했다. "제가 미국 워싱

턴에서 밀수한 전자제품이에요."

　이 말을 듣는 순간, FBI의 머릿속엔 그가 쫓고 있는 국제밀수범이 스쳐 지나갔다. FBI는 상대가 알아채지 못하도록 그와 전자제품에 대한 이야기를 이어갔다. 그리고 파리에 도착하면 전자제품을 구매하겠노라는 약속까지 했다. 사업가는 여태껏 FBI처럼 화통한 사람은 만난 적이 없다며 호감을 표시했고 이내 다른 밀수 사실까지 털어놓았다. 그가 관심 있어 하는 주제로 계속해서 대화를 나누며 의기투합하는 척했다.

　비행기가 파리에 도착한 후, 사업가는 밀수품을 숨겨놓은 장소로 FBI를 안내했고, FBI는 눈앞에 놓인 물건들이 그토록 찾아 헤매던 밀수품임을 확인할 수 있었다. 증인과 물증이 모두 확보되자 FBI는 신속하게 사업가의 손에 수갑을 채웠다.

　　　　　　　　　　　　　　　　상대를 꿰뚫어 보는 FBI 심리 기술

상대를 기분 좋게 하는
시소의 원리

　FBI는 사람들과 교류할 때 자신을 낮추고 상대를 높여, 상대에게 어느 정도 심리적 우월감을 느끼게 하는 것이 좋다고 말한다. 그렇게 하면 나에 대한 상대의 경계심을 낮출 수 있을 뿐만 아니라 상대의 마음을 얻어 그의 진짜 생각을 파악할 수 있다.

　거듭 말하지만 사람의 마음을 공략하는 방법의 핵심은 상대에게 믿음을 얻는 데 있다. 믿음은 상대에 대한 방어 심리를 잠재워 자신을 온전히 드러내도록 하는 힘이 있기 때문이다. 이 밖에도 FBI는 대다수 사람들이 타인으로부터 존중받길 원한다며, 타인과의 심리적 거리를 좁혀 믿음을 얻으려면 적절한 칭찬으로 상대를 높여 타인의 허영심을 충족시켜줄 필요가 있다고 강조한다.

그래서 FBI는 신입요원을 교육할 때 항상 '시소의 원리'를 강조한다.

모두가 알다시피 시소는 한쪽이 땅에 닿으면 다른 한쪽이 위로 올라가게 되어 있다. FBI는 이러한 '시소의 원리'를 인간관계에도 적용할 수 있다고 말한다. 땅에 닿아 있는 시소의 한 쪽처럼 자신을 낮추면 상대는 남보다 높은 위치에 있다는 생각에 기분이 좋아지고, 무엇보다 존중받고 있다고 느끼게 된다. 즉, 이 같은 방법을 사용하면 상대의 믿음과 애정을 얻을 수 있고, 그러다 보면 자연스레 상대의 심리를 꿰뚫어 볼 수 있다는 것이다.

사실 상대를 높이는 방법은 그리 어렵지 않다. 일상생활에서도 이런 말들을 흔히 들을 수 있으니 말이다.

"겨우 몇 달 못 본 사이에 승진했다면서? 정말 축하해!"

"네가 사업적으로 거둔 성공에 비하면 아무것도 아니지!"

"의학계의 난제를 해결하셨다면서요?"

"그쪽이 개발한 고정밀 의학기기가 없었다면 이런 성과를 거두지 못했을 겁니다."

이렇듯 나를 낮추고 상대를 높이는 말은 특정 상황에 특히 더 쓸모가 있다.

그렇다면 FBI가 자신을 낮추고 상대를 높이는 방법으로 사람을

상대를 꿰뚫어 보는 FBI 심리 기술

포섭하는 데 성공한 사례를 살펴보자.

미국 캘리포니아주는 경제가 발달한 지역답게 많은 사채업자들이 모여 있다. 문제는 이들이 현지의 정상적인 경제 질서를 어지럽히고 있다는 사실이었다. 경제 질서를 정상화하려면 하루 빨리 불법 사채업체들의 영업을 금지시켜야 했다. FBI는 경험이 풍부한 요원을 '사업가'로 위장해 사채업체에 잠입시키기로 했다.

'사업가'로 완벽하게 위장해 순조롭게 사채업체에 잠입하는 데 성공했다. 사채업자들은 고리대와 돈세탁 등 온갖 불법을 저지르고 있었지만, 매일 거래를 하겠다고 찾아오는 사람들의 발길이 끊이지 않았다. 물론 거래의 최대 수혜자는 사채업자들의 등 뒤에 숨어 있는 조직폭력배와 같은 조직이었다. FBI는 일반적인 방법으로 이 치밀하고 광범위한 조직을 잡을 수 없을 거라는 생각에 심리전을 펼치기로 했다.

먼저 FBI는 중간자를 통해 사채업체의 배후 인물을 찾은 후, 그에게 현금을 안기며 친근함을 표시하는 동시에 한바탕 아부를 쏟아냈다. 덕분에 사채업체 대표도 웃으며 그의 선물을 받았다.

그 후 한동안 FBI는 이러한 방법으로 사채업체 대표의 환심을 샀다. 시간이 갈수록 사채업체 대표는 '사업가'에 대한 경계심을 풀었고, 급기야 '사업가'를 '한 식구'로 여기며 사채업체의 조직구조를 알려주었다.

FBI가 분했던 '사업가'는 3개월이 넘는 잠입으로 이 사채업체의 배후 조직과 조직원 분포도를 정확하게 파악했고, 조직의 기밀까지 접수해 즉시 본부에 알렸다. 배후 조직의 근거지와 거래시간 등의 정보를 입수한 FBI는 치밀한 작전 계획을 세운 끝에 이들을 일망타진할 수 있었다.

잠입 작전을 수행했던 FBI는 아슬아슬했던 당시를 떠올릴 때마다 이렇게 말한다. "사채업체의 보스는 경계심이 많은 사람이라 남을 쉽게 믿지 않았지요. 하지만 그에겐 남들이 자신을 치켜세우는 걸 좋아하는 치명적인 단점이 있었습니다. 그래서 저는 그 단점을 이용해 그에게 심리 전술을 펼쳤고, 끝내 그의 믿음을 얻어 단번에 현지의 경제 질서를 어지럽히는 범죄조직을 소탕했습니다."

물론 FBI가 범죄자와의 대결에서 승리한 건 비단 이뿐만이 아니다. 그러나 이 사건에서 그들이 범죄자와의 대결에서 승리할 수 있었던 것은 확실히 '자신을 낮추고 상대를 높이는' 전략 덕분이었다.

상대를 꿰뚫어 보는 FBI 심리 기술

시소는 한쪽이 땅에 닿으면 다른 한쪽이 위로 올라가게 되어 있다.

이러한 '시소의 원리'는 인간관계에도 적용된다.

땅에 닿은 시소의 한쪽처럼 자신을 낮추면

상대는 남보다 높은 위치에 있다는 생각에 기분이 좋아진다.

이로써 상대의 믿음과 애정을 얻을 수 있다.

상대를 도와
걱정 해결해주기

FBI 전 국장 패트릭 그레이는 말했다. "상대와 힘겨루기를 할 때 상대의 마음을 얻으려면 먼저 상대의 걱정거리를 해결해주고 믿음을 얻어야 합니다. 별것 아닌 듯 보일지 몰라도 이는 사람의 마음을 움직이는 데 꽤 좋은 방법입니다."

패트릭 그레이는 크든 작든 사람은 누구나 어려움을 안고 있으며, 어려움에 골머리를 앓고 있을 땐 누군가 자신을 도와줄 사람이 있었으면 하고 바라는 법이라고 말한다. 이럴 때 도움의 손길을 내미는 사람이 곧 그 사람의 마음을 얻을 수 있다는 것이다. 이에 패트릭 그레이는 상대의 걱정거리를 해결해주는 기술을 정리했는데,

상대를 꿰뚫어 보는 FBI 심리 기술

그 내용은 다음과 같다.

세심하게 상대의 일거수일투족 살피기

일상생활에서 세심하게 타인을 관찰하는 습관을 기르는 것이 무엇보다 중요하다. FBI 요원이 반드시 갖춰야 하는 자질이기도 하다. FBI는 어떤 일이나 사람을 유심히 관찰하면 그 일이나 사람을 좀 더 완벽하게 이해할 수 있고, 이는 다음 행동에 좋은 밑거름이 된다고 말한다.

상대를 괴롭히는 사람이나 일 찾기

세심하게 상대의 행동을 관찰하다 보면 그들을 괴롭히는 사람이나 일을 쉽게 찾을 수 있다. 나를 곤혹스럽게 만드는 무엇 또는 누군가가 있을 때 사람은 그러한 상황에 꼼짝하지 못하고 혼란에 빠져 허덕이기 마련이다. FBI가 분석한 결과에 따르면 사람은 이러한 상황에 누군가의 도움을 절실히 바라며, 누군가가 자신을 도와 문제를 해결해줬을 때 진심으로 그에게 고마움을 느낀다.

예를 들어 회사 대표에게 어떤 문제가 생겼는데, 진짜 문제점이 무엇인지 제대로 짚어내지 못하는 상황에서 직원 하나가 문제점을 일깨워준다면 대표는 그 직원에게 진심으로 고마워하며 그를 달리 보게 된다. 내가 내민 도움의 손길에 상대는 마음을 내어준다.

상대의 걱정을 확실하게 해결해주기

상대를 괴롭게 하는 사람이나 일을 발견했다면 상대를 도와 이를 확실하게 해결한다. FBI는 이에 대해 상대가 가진 문제에 대해 해결 방법을 제시해주거나 직접적으로 이를 해결해줘야만 상대는 비로소 감사의 마음을 갖게 되고, 이로써 그를 포섭할 수 있게 된다고 강조한다.

실제로 FBI는 여러 현장에서 이 방법을 활용해 범인이나 용의자의 마음을 얻는 데 성공했으며, 이를 발판 삼아 사건을 해결했다.

미국에는 총기 사용에 관한 엄격한 규정이 있지만 규정이 무색하게 해마다 총기를 사용한 범죄가 끊이지 않는다. 이날 역시 뉴욕 중심의 한 거리에서 두 발의 총성이 울려 퍼졌다. 목격자는 총을 든 범인이 은행 지점장을 쓰러뜨렸다고 말했다. 몇 분 후, 현장에 도착한 FBI는 곧장 현장을 봉쇄하고 감식에 들어갔다. 현장에서는 범죄자의 족적이 발견되었고, 이를 범죄자 데이터베이스의 자료와 대조한 결과 잭 라우스라는 남성이 용의선상에 올랐다. 그는 8년 전에도 강도혐의로 징역을 선고받았던 이력이 있었다.

FBI가 어떻게 이 용의자를 체포할지 방법을 모색하고 있을 때, 본부로 익명의 편지 한 통이 배달되었다. 당일 밤 11시, 뉴욕 18번가로 가면 누군가를 만나게 될 거라는 내용이었다. FBI는 속는 셈치고 그날 밤 편지에 적힌 약속 장소로 나갔다. 그들이 그곳에 막 도착하자 누군가 이렇게 말했다. "사실 내가 바로 은행 지점장을 죽인 범인입니다. 당신들이 체포하려는 그 잭 라우스가 납니다. 내가 만나자고 한 건 당신들에게 부탁이 있어서입니다. 내가 곤란한 상황에 처했거든요." FBI는 반신반의하며 그를 주시했고, 그는 말을 이었다. "나를 의심해도 좋습니다. 하지만 이건 알아두세요. 우리 보스가 6월 중순에 미국 시티은행을 털려고 계획 중입니다. 정말입니다."

이에 FBI는 이해할 수 없다는 듯 물었다. "그럼 당신은 왜 범행을 저지른 거죠? 은행 지점장까지 죽이지 않았습니까! 그에게 깊은 원한이라도 있었던 겁니까?"

"그건 보스가 시켜서 어쩔 수 없었어요. 지시를 따르지 않으면 그가 내 아내를 죽일 테니까요. 지금도 내 아내는 보스에게 잡혀 있는 상황이라……. 정말 어쩔 수 없는 선택이었습니다." 범인은 부득이한 일이었다며 계속해서 말했다. "사실 지금 가장 걱정되는 것도 아내의 안전입니다. 만약 당신들이 내 아내를 구해준다면 이 강도 조직의 조직원 명단과 그들의 은신처를 알려드리지요. 그리고 내가 저지른 범죄에 대해 죗값을 치르겠습니다."

범인의 말을 가만히 듣고 있던 FBI는 그의 부탁을 들어주겠다고 말했다. 전부터 사회에 위협을 가해오던 이 무장 강도조직을 일망

타진할 생각이었기 때문이다.

　이튿날, FBI는 범인이 자신의 아내가 잡혀 있다고 말한 장소로 특수요원 몇 명을 파견해 그녀를 구출했다. 범인은 아내가 무사히 자신의 곁으로 돌아온 것을 확인하고 FBI에게 말했다. "당신들이 내 걱정거리를 없애주었으니, 이제 내가 당신들을 도울 차례군요!" 이 범인의 도움으로 FBI는 해당 무장 강도조직의 보스는 물론 그 조직원들까지 신속하게 체포해 사건을 해결했다.

교묘하게
상대의 단점 칭찬하기

FBI 심리연구센터의 한 담당자는 "사람은 누구나 단점을 가지고 있는데, 다들 이를 꽁꽁 숨기려고 한다. 그러나 이러한 단점을 교묘하게 칭찬해주면 상대의 마음을 얻는 데 좋은 밑거름이 될 수 있다"라고 말한다.

알다시피 칭찬받길 좋아하는 건 인간의 천성이다. 이 세상에 칭찬을 싫어하는 사람도 자신을 향한 비판을 달가워하는 사람도 없다. FBI는 타인에게 믿음을 얻으려면 칭찬을 잘할 줄 알아야 하며, 인심을 얻으려면 상대에게 부족한 점, 즉 단점을 칭찬할 줄 알아야 한다고 말한다.

인간의 심리에 대한 여러 연구에 따르면 인간은 자기 자신을 완벽하게 이해하지 못한다. 인간의 내면세계는 네 개의 서로 다른 격자로 구성된 유리창과 같은데, 이 격자는 다음과 같이 나뉜다.

· 열린 영역(Open Area): 한 사람의 이름이나 나이, 집 주소, 키와 같이 자기 자신도 알고 다른 사람도 아는 정보 영역이다.
· 숨겨진 영역(Hidden Area): 자기 자신만 알고, 남들은 모르는 정보 영역으로 개인적인 비밀이나 생각 등이 여기에 해당한다.
· 미지의 영역(Unknown Area): 예측이나 판단이 어려운 한 사람의 잠재능력처럼 자기 자신도 남들도 모르는 정보 영역이다.
· 맹인 영역(Blind Area): 자신은 잘 모르지만, 남들은 알고 있는 정보 영역이다. 처음 만났을 때 타인에게 주는 인상 등이 이 영역에 해당한다.

'조하리 창(Johari Window)'이라고 불리는 이 이론에 따르면 상대조차도 스스로 알지 못하는 장점을 찾아 칭찬해주고, 심지어 단점까지 칭찬해준다면 쉽게 상대의 마음을 얻을 수 있다.

FBI는 교묘하게 상대를 칭찬하는 방법으로 인심을 얻는 데 대표선수다.

어떤 FBI 요원이 사교파티에 참석했다가 한쪽 구석에서 홀로 샴페인을 마시는 한 여성을 보았다. 그녀는 그런 자리가 익숙하지 않은지 어딘가 어색한 모습이었다. 이에 FBI 요원은 그녀에게 먼저 다가가 인사를 건네며 말했다. "분위기가 익숙하지 않으신가 보네요. 친구들과 함께 있을 땐 활발하신 편일 것 같은데."

"어떻게 아셨어요? 확실히 친한 친구들과 함께 있을 땐 말이 많아지는 타입이에요."

"역시 제 판단이 맞았군요."

이렇게 이 여성은 FBI에게 마음을 열었고, 두 사람은 한참 동안 대화를 나누며 더 일찍 만나지 못한 것을 아쉬워했다. 짧은 시간에 두 사람이 이처럼 가까워질 수 있었던 것은 상대의 단점을 칭찬해 호감을 얻은 FBI의 심리 기술의 덕이 컸다. 사실 FBI 요원이 사교 파티에서 혼자 샴페인을 마시는, 어딘가 어색해 보이는 그녀를 보았을 때 그는 이미 그녀가 내향적인 성격임을 본능적으로 깨달았다. 그리고 먼저 그녀에게 다가가 그녀가 단점으로 느낄지 모르는 그 부분을 칭찬함으로써 심리적인 거리를 좁혔다.

FBI는 모든 사람이 자신에게 부족한 것을 채우고 싶어 한다며, 이 또한 사람의 본성이라고 말한다. 그러므로 사람의 마음을 얻으려면 상대가 마음속으로 가장 기대하는 무언가, 그중에서도 특히 상대가 부족하다고 느끼는 점을 칭찬해줘야 한다는 것이다. 그러면 상대는 자신을 이해해준 사람에게 진심으로 고마움을 느끼며 믿음을 선물한다.

사실 사람들은 한 사람의 외적인 인상에 대해서만 칭찬을 하는 경우가 많다. 예를 들어 체격이 좋은 사람을 만나면 으레 "근육이 정말 탄탄하시네요. 꼭 슈워제네거 같으신데요?"라고 말하는 식이다. 그러나 이렇게 빤한 칭찬으로는 그리 큰 효과를 볼 수 없다. 나 말고도 이미 많은 사람이 이런 칭찬을 했을 테고, 이런 말들에 이골이 나 있을 테니 말이다. FBI는 제대로 칭찬의 효과를 보려면 조금만 관점을 달리해 상대의 단점을 절묘하게 칭찬해보라고 조언한다. 그러면 상대는 당신을 '특별한 칭찬을 해준 사람'으로 기억할 것이라면서 말이다.

예를 들어 외모가 출중해 다들 도도할 거라고 생각하는 여성이 있다고 가정할 때, 이 여성에게 이런 칭찬을 건네볼 수 있다. "예쁜 여자는 다 도도해서 다가가기가 어렵다고들 하던데 당신은 전혀 그렇지 않네요. 오히려 정말 상냥한 분인 것 같아요." 이런 칭찬을 들으면 상대의 마음속에는 기쁨과 동시에 '자신을 알아준 유일한 사람'이라는 생각이 싹터 당신과 기꺼이 친구가 되려고 할 것이다.

공개적인 자리에서 자신의 단점을 인정하기란 그 누구에게도 괴로운 일이다. 그렇기에 누군가 자신의 단점을 장점인 듯 칭찬해주면 상대는 그 사람에게 진심으로 고마움을 느낀다. 그러나 칭찬할 때 칭찬의 말이 절대 비꼬는 말로 들리지 않도록 주의해야 한다. 사실 한 사람의 단점은 때에 따라서 장점이 되기도 하므로 사람의 마음을 얻는 데 기회를 제공해준다.

그저 관점을 조금만 달리해 남들이 칭찬하지 않던 상대의 단점을 칭찬해주면 큰 힘을 들이지 않고도 얼마든지 사람의 마음을 얻을 수 있다.

미소 효과

미소는 인간이 감정과 속마음의 변화를 표현하는 가장 직접적인 방식이다. 인간이 태어날 때부터 타고나는 비언어적 표현이다.

평소 우리는 매우 다양한 표정을 짓는데, 그중에서 미소는 사람의 내면세계를 나타내는 가장 특징적이고, 가장 직관적인 요소다. 예를 들어 비즈니스 접대를 할 때, 사람들은 자신의 이익을 위해 가식적인 미소를 띠지만, 친구들과의 모임에서는 대개 진실한 미소를 보인다. 진심이 담긴 미소인지 가식적인 미소인지는 그 표정을 보면 알 수 있다. 가식적인 미소를 짓는 사람은 입술을 다문 채 입꼬리가 그리 많이 올라가지 않는다. 왜냐? 말 그대로 억지 미소이기

상대를 꿰뚫어 보는 FBI 심리 기술

때문이다. 그러나 진심이 담긴 미소는 그야말로 마음에서 우러난 것이기에 입술이 둥그런 형태를 띠며 방긋 웃는 모습이 된다.

일반적으로 우리는 낯선 사람과 대화를 나눌 때 우아한 미소를 잃지 않는다. 그렇게 대화를 나누며 공감대가 형성되면 말이 많아지고 미소를 띠는 빈도도 늘어난다. 심리학자들은 미소가 인간의 마음속 감정 변화를 대표하며, 이 미소에는 외적인 표정 변화뿐만 아니라 내면세계의 변화가 반영된다고 말한다.

이에 근거하여 FBI는 미소로 사람의 마음을 얻을 수 있다고 본다. 다만 여기서 주의해야 할 점은 상황에 맞아야 한다는 사실이다. 그렇지 않으면 오히려 역효과를 불러올 수도 있다.

그렇다면 어떤 상황에서 사람의 마음을 얻는 데 미소를 무기로 사용할 수 있을까?

상대가 훌륭한 성과를 얻었을 때

사람은 누구나 훌륭한 성과를 얻으면 얼굴에 미소가 가득 번진다. 그리고 누군가와 함께 성공의 기쁨을 나누고 싶어 한다. 미국 심리센터의 한 연구 결과에 따르면 인간에겐 좋은 성과를 얻었을 때 다른 사람이 이를 알아주길 바라는 심리가 있다. 그런 까닭에 상대가 성공의 기쁨을 느낄 때 그에게 미소를 보인다면 그와 친구가 될 수 있다. 상대는 자신의 성공에 미소를 보여준 그를 진실하고 믿을 만한 사람이라고 생각한다. 그러니 상대가 훌륭한 성과를 거뒀다면 진심을 담은 미소로 축하해준다. 그러면 반드시 상대의 마음을 얻을 수 있다.

상대의 기분이 좋을 때

"상대의 마음을 얻을 수 있는 방법 중 하나는 상대의 기분이 좋을 때 그에게 미소를 보이는 것이다." 경험이 풍부한 한 FBI 요원이 한 말이다. 그는 내가 기분이 좋으면 남도 내게 웃어주길 바라는 게 사람이라고 말한다. 다시 말해서 사람은 자신이 기분이 좋으면 그 좋은 기분을 계속해서 유지하길 원하기 때문에 자신과 함께 웃어주는 사람에게 호감을 갖게 마련이다. 이는 기분이 좋은 상태에서 울상을 한 사람을 보면 흥이 깨지는 것과 같은 이치다.

이렇듯 미소는 사람의 마음을 얻는 데 큰 도움을 준다.

상대를 꿰뚫어 보는 FBI 심리 기술

감정 투자

FBI가 펼치는 여러 심리조종술 중에서 결코 간과해서는 안 될 방법이 하나 있다. 바로 감정 투자다. 감정 투자란 무엇이냐? 간단히 말하면 '정(情)'으로 사람의 마음을 움직여 상대의 완고한 마음을 녹이는 방법이다.

"감정 투자는 적대관계를 우호관계로 바꿔주는 가장 따뜻한 회유법이다." FBI 초대 국장 존 에드거 후버가 감정 투자의 중요성을 강조하며 자주 하던 말이다. 그는 제아무리 무정한 범죄자라 하더라도 마음속 깊은 곳에는 정이 남아 있기 마련이라며, 감정 투자야말로 이러한 범죄자들의 마음을 얻을 수 있는 가장 효과적인 방법이라고 보았다.

그렇다면 FBI는 실전에서 어떻게 감정 투자의 방식을 활용해 상대의 마음을 얻을까?

감정 투자를 하기 전 먼저 친구가 돼라

감정 투자의 첫걸음은 상대에게 관심을 기울여 친구가 되는 것에서부터 시작된다. 상대와 친구가 되어야 비로소 상대는 우리에게 마음의 문을 연다. 일상생활에서도 알 수 있듯 사람들은 보통 낯선 이의 관심을 쉽게 받아들이지 못한다. '나쁜 마음'을 품고 접근하는 것으로 받아들이기 때문이다. 상대와 친구가 되어야 하는 이유는 바로 이 때문이다.

FBI 심리연구센터에서 진행한 연구 결과에 따르면 사람은 누구나 관심을 받길 원하지만 낯선 사람의 관심에 대해서는 항상 의심을 품는 것으로 드러났다. 관심의 배후에 모종의 음모가 숨어 있을 거라고 생각해 경계태세를 갖춘다. 이를 감안하여 초대 국장 후버는 FBI 요원들 모두에게 이렇게 주의를 주었다. "타인에게 감정 투자를 할 때는 상대와 친구가 될 수 있을지를 먼저 따져야 한다. 친구가 되기 전이라면 감정 투자를 해봐야 헛수고일 뿐이다."

감정 투자를 하는 과정에서 먼저 상대와 친구가 되어야 하는 이유를 설명할 때 FBI는 이런 예를 든다.

상대를 꿰뚫어 보는 FBI 심리 기술

길을 가다 생면부지의 두 사람이 만났는데, 한 사람이 대뜸 다른 한 사람에게 말했다. "이곳은 사람이 많으니 지갑 조심하세요." 이 말을 한 사람은 좋은 뜻에서 소매치기를 조심하라고 주의를 주고 싶었을 것이다. 그러나 듣는 사람은 그렇게 받아들이지 않고 오히려 상대를 의심할지도 모를 일이다. 왜냐? 두 사람은 친구가 아니라 그저 길에서 우연히 만난 낯선 사람이기에 관심의 효과가 제대로 발휘될 수 없기 때문이다. 하지만 두 사람이 친구가 된 후라면 상황은 달라진다. 다시 말해서 서로에 대해 어느 정도 아는 사이라면 조심하라는 상대의 말을 기꺼이 받아들인다. 그러므로 누군가에게 관심을 기울일 때는 먼저 상대와 친구가 될 필요가 있다. 이것이 사람의 마음을 얻기 위한 전제조건이다.

애정을 담아 상대를 설득한다

사람은 저마다 생각이 다르기에 친구가 된 후라도 얼마든지 의견 차이로 인한 갈등이 발생할 수 있다. 이때 이견이 생긴 문제에 대해 다시 생각해보고 누가 옳고 그른지를 판단해야 한다. 아무리 생각해도 상대의 생각이 너무 극단적이라면 상대가 나의 진심을 느끼고 기꺼이 생각을 바꿀 때까지 설득을 멈추지 않는다.

예를 들어 여태껏 한 번도 등반훈련을 해본 적이 없는 사람이 세계 최고봉을 등반하겠다고 하는 상황을 가정해보자. 이때 이미 결심을 굳힌 듯 결연한 그를 설득해 불의의 사고를 예방하려면 감정에 호소한 설득이 필요하다. "높은 산에 오르고 싶은 마음은 우리도 이해해. 하지만 네가 등반 중에 불의의 사고라도 당하면 우리가 얼마나 슬퍼할지 생각해본 적 있어? 그러지 말고 우리 곁에 있어줘." 한 번으로 부족하다면 상대가 설득될 때까지 계속하면 된다. 그러다 보면 세계 최고봉을 등반하겠다던 친구도 분명 마음을 돌릴 것이다.

상대를 위해 위험을 감수한다

상대에게 해결하기 힘든 문제가 생겼다면 발 벗고 도와주고, 또 때에 따라서는 위험을 감수할 줄도 알아야 한다. 그래야 끈끈한 정을 느낀 상대가 자신을 위해 위험을 감수해준 사람에게 마음을 내어준다.

상대가 곤란한 상황일 때 그를 도와주면 상대의 호감은 물론 그의 마음까지 얻을 수 있다. 이는 FBI 요원들이 오랜 경험을 통해 얻은 결론이자, 용의자와의 기 싸움에서 그들이 자주 활용하는 방법이기도 하다.

1968년 6월 8일, 미국 흑인 민권운동의 지도자 마틴 루터 킹 (Martin Luther King)을 암살한 제임스 얼 레이(James Earl Ray)가 드디어 체포되었다. 그의 체포 과정에 대해 사람들은 줄곧 호기심을 품었다. 그런데 몇 년 후 FBI의 베테랑 심리 전문가 헨리 홀던은 FBI가 그를 순조롭게 체포할 수 있었던 데는 감정 투자 방법이 큰 역할을 했다고 분석했다.

백인 우월주의자인 제임스 얼 레이는 흑인 민권운동가 마틴 루터 킹을 암살한 후 해외로 도주해 FBI의 국제 수배 대상이 되었다. 그러나 FBI가 그의 행방을 추적할 때마다 그는 번번이 수사망을 피해 달아났다. 하루속히 그를 체포하기 위해 FBI는 그야말로 혼신의 힘을 다했지만 제임스 얼 레이는 여전히 법망 밖에 있었다. 이에 현장 경험이 풍부한 FBI 특수요원이 제임스 얼 레이를 체포하겠다고 자진해 나섰다.

제임스 얼 레이에 관한 파일을 확인한 후 요원이 말했다. "제임스 얼 레이는 아주 교활하고 조심성이 많은 사람이군요. 외부의 작은 변화에도 신경을 곤두세울 정도로 경계심이 많은데다 목석처럼 무정하기도 하고요. 이런 사람을 상대하는 유일한 방법은 바로 감정 투자로 심리전을 펼치는 것뿐입니다." 그의 말이 떨어지기 무섭게 다른 요원들은 반문했다. "제임스 얼 레이에게 감정 투자를 하는 게 어디 그리 쉬울까요?"

이에 요원은 자신 있게 말했다. "물론 하루 이틀에 성공할 수 있는 일은 아닙니다. 하지만 다른 방법을 동원하는 것보다 감정 투자를 하는 쪽이 그에게는 훨씬 효과적일 거라고 확신합니다."

그 후 한동안 이 요원은 제임스 얼 레이의 행방을 수소문하는 데 집중했다. 그러나 일은 생각만큼 잘 풀리지 않았다. 그래도 이 요원은 포기하지 않고 자신의 광범위한 인맥과 친화력을 총동원해 제임스 얼 레이에게 여권을 만들어줬다는 브로커를 찾아내는 데 성공했다. 그는 제임스 얼 레이가 매우 중요하게 생각하는 사람이자 가장 신임하는 인물이기도 했다. 그러나 그는 돈 앞에 무릎을 꿇고 FBI 요원에게 제임스 얼 레이가 은신해 있는 런던의 주소를 넘겼다. 그리고 제임스 얼 레이에게 접근할 수 있도록 다리를 놓아주겠노라고 말했다. 그렇게 두 사람은 제임스 얼 레이의 은신처를 찾아갔고, 여권 브로커는 의심을 피하고자 사전에 약속한 대로 요원을 고향에 있는 자신의 친척이라고 소개했다. 그리고는 곁에 두면 그가 일상적인 일을 도와줄 거라고 말했다. 경계심이 높은 범인은 의외로 요원의 정체를 의심하지 않았다. 이로써 범인을 체포할 좋은 기회가 마련되었다.

함께 지내는 동안 요원은 제임스 얼 레이를 자신의 친구로 생각하고 그에게 관심을 기울이며 여러 문제를 해결해주었다. 제임스 얼 레이가 요원을 자신의 심복으로 여기는 데까지는 그리 오래 걸리지 않았다. 그는 중요한 일들을 요원에게 맡기기에 이르렀다. 자신이 이미 제임스 얼 레이를 포섭하는 데 성공했음을 깨달은 요원

상대를 꿰뚫어 보는 FBI 심리 기술

은 적당한 기회를 봐서 그를 체포하기로 결정했다. 기회를 만들기 위해 FBI는 제임스 얼 레이에게 중요한 사람을 만나러 런던 공항에 가야 한다고 말했고, 그는 별 생각 없이 요원과 함께 공항으로 나섰다. FBI가 점점 법망을 좁혀오는 것을 전혀 모른 채 말이다. 결국 제임스 얼 레이는 그렇게 자신의 심복이 말한 중요한 인물 FBI를 마주했다. 제임스 얼 레이는 그제야 자신이 속은 사실을 깨달았지만 이미 때는 늦었다.

이렇게 FBI는 범인에게 감정을 투자하는 방식으로 상대의 마음을 얻었고, 끝내 범인을 체포하는 데 성공했다. FBI는 지금까지도 이러한 방법을 실전에서 광범위하게 활용하고 있다.

FBI 심리 기술 7

∞

거짓말을 간파해
사람의 심리를 조종한다

갈수록 거짓말과 속임수가 판치는 세상이 되어가고 있다며, 이제는 주변 사람조차 믿기 어렵다고 한탄하는 사람들이 늘어가고 있다. FBI는 우리를 쥐락펴락하는 거짓말들도 사실 알고 보면 눈치채기가 그리 어렵지만은 않다고 말한다. 물론 FBI는 거짓말하는 사람의 특징을 잡아내는 나름의 노하우를 갖고 있다. 상대의 엷은 미소나 한 번의 눈 깜빡임을 보고 거짓말을 간파해낸다.

표정으로
상대의 거짓말을 간파한다

　표정 변화는 사람 간의 교류에서 매우 중요한 역할을 한다. 생리학에 따르면 인간의 얼굴은 대량의 모세혈관과 신경세포가 모여 있는 만큼 반응에 매우 민감하다. 그래서 심경에 아주 작은 변화만 생겨도 얼굴에 즉각 변화가 나타난다. 이는 아무리 제어능력이 뛰어난 사람이라 하더라도 마찬가지다. FBI가 용의주도하고 정신력이 강한 범죄자들을 상대할 때 그들이 어떻게 얼굴 표정을 제어하는지를 중점적으로 살피는 이유도 여기에 있다.

　심리학자들은 거짓말을 간파할 수 있는 복잡 미묘한 '얼굴의 암호'를 정리했다. 그중 상대가 거짓말을 하는지를 가장 잘 가려낼 수 있고 또 가장 많이 활용되는 얼굴 부위가 바로 눈과 코다.

우리는 눈빛의 변화로 알게 모르게 자신의 진실한 감정을 드러내곤 한다. 이는 우리의 대뇌 구조와 밀접한 관련이 있다. 좌뇌가 인체의 오른쪽을, 우뇌가 인체의 왼쪽을 관장하며, 논리적인 추리나 숫자부호의 처리를 모두 좌뇌가 담당한다. 앞서 설명했듯이 FBI는 사건을 수사할 때 심문을 받는 사람의 눈이 향하는 방향을 특히 유심히 살핀다. 하버드대학교의 한 심리학과 교수는 사람이 거짓말을 하면 좌뇌가 활성화되어 저절로 눈도 오른쪽 위로 향하게 된다고 밝혔다.

여기서 중요한 점은 변화무쌍한 표정이든 다양한 뜻을 담고 있는 몸짓 언어든 혹은 준비된 말이나 동작이든 한 사람의 심리 변화를 드러내는 데는 모두 눈빛만 못하다는 사실이다. FBI 역시 사람의 심경이 가장 잘 드러나는 곳이 바로 눈빛이라고 말한다. 눈빛은 자신도 모르는 사이에 가장 진실한 감정을 드러낸다. 눈빛이 향하는 곳이 곧 자신이 가장 가고 싶은 곳을 뜻하기 때문이다. 즉, 눈이 어디론가 향했다면 우리의 머릿속에서는 이미 그다음을 준비 중이라고 이해할 수 있다.

FBI도 거짓말을 간파하는 방법 중 가장 믿을 만하고, 실패율이 낮은 방법이 눈빛의 변화를 관찰하는 것이라고 말한다.

한때 '거짓말하는 사람은 상대의 눈을 똑바로 쳐다보지 못한다'

상대를 꿰뚫어 보는 FBI 심리 기술

라는 말이 있었다. 그러나 이러한 이론은 최근 연구 결과를 통해 뒤집혔다. 도출한 결과에 따르면 거짓말을 하는 사람은 자신이 거짓말을 한다는 사실을 숨기기 위해 오히려 상대의 눈을 직시한다. 상대의 눈빛에서 정보를 얻어 자신의 다음 계획을 결정한다. 결국 거짓말을 하는 사람은 시선을 회피하지 않고 상대를 더 똑바로 쳐다보느라 눈이 건조해져 자주 깜빡이게 된다.

영국 포츠머스 출신의 한 연구원의 말에 따르면 거짓말을 할 때, 사람은 마음의 평정을 유지하기 위해 노력하는데 이 과정에서 눈깜빡임의 횟수를 제어한다고 말한다. 정상인이 분당 23.6회를 깜빡인다면 이를 분당 18.5회까지 줄인다는 것이다. 요컨대 범인이 거짓말을 할 때는 심리적 경계를 높여 눈 깜빡임도 통제한다는 것이다. 그러나 FBI는 범인이 자신에게 가장 민감하고, 감정적으로 가장 취약한 곳에 방어진을 치기 때문에 살짝만 공격해도 진상을 밝힐 수 있다고 말한다.

이 밖에도 코 역시 두려움과 긴장감을 드러내는 중요한 부위다. 생리학자들은 코에 모세혈관이 빽빽하게 분포하고 있어 외부의 변화에 매우 민감하다고 말한다. 특히 거짓말을 할 때 단시간에 머리로 혈액이 몰리면서 코가 커지는데, 사람은 이에 불편함을 느끼고 자신도 모르게 코를 만지게 된다는 것이다. 물론 혈액이 위로 몰려 코가 커진다고는 하지만 이를 육안으로 확인할 수는 없다. 고배율

현미경으로 봐야 알 수 있는 정도다. 하지만 단시간에 피가 몰리면서 생기는 불편함 때문에 자연스레 코를 만지게 되고, FBI는 이러한 행동을 간과하지 않는 것이다. 지금까지도 많은 사랑을 받는 동화《피노키오》를 보면 거짓말을 할 때마다 코가 길어지는 주인공이 등장하는데 따지고 보면 생리학적인 근거가 있는 셈이다.

FBI가 용의자 진술의 진위를 판단하는 데 사용하는 세 번째 주요 얼굴 부위는 바로 눈썹이다. 눈썹 주변의 신경세포는 코에 비에 훨씬 적지만 인간의 희로애락을 매우 직관적으로 전달한다.

예를 들어 기분이 상쾌하면 얼굴 근육이 이완되면서 눈썹과 눈 사이의 거리가 비교적 넓어지지만, 화가 나거나 무언가를 걱정할 때는 얼굴 근육이 긴장하면서 눈썹을 찡그리게 된다. FBI의 경험에 따르면 사람이 진심으로 놀랐을 땐 눈썹이 위로 올라가는데 이 변화의 지속시간이 단 1초에 불과하다. 즉, 이 시간을 넘겼다면 어색하게 만들어낸 표정이라는 뜻이다.

이렇듯 FBI는 범인을 취조할 때 잠시 스쳐 지나가는 얼굴 표정도 놓치지 않고 상대의 거짓말을 간파해 사건을 해결한다.

코를 만지는 행동으로 상대가 거짓말을 하는지 알 수 있다.
거짓말을 하면 단시간에 머리로 혈액이 몰리면서 코가 커지는데,
사람은 이에 불편함을 느끼고 자신도 모르게 코를 만지게 된다.

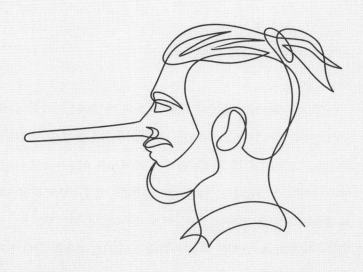

웃음으로
거짓을 가릴 수 없다

순식간에 사라지는 표정에 비해 웃음은 더 오랫동안 지속된다. 일반적으로 따지면 웃음은 10초 이상 유지된다. 웃음은 상대에게 친근함을 표현하고, 적대감을 없애며, 경계심을 허무는 매우 중요한 수단이다. 무엇보다도 짓기 쉬운 표정이라 일상생활에 광범위하게 활용된다. 특히 많은 위선자들에게 애용되고 있다. 그러나 일상생활에서 흔히 볼 수 있는 이 간단한 동작이 사건 해결의 열쇠가 되기도 한다.

그렇다. FBI 요원은 범인과 기 싸움을 벌일 때, 그들의 웃는 얼굴을 주의 깊게 살핀다. 그중에서도 FBI가 상대의 거짓말을 판단하는

상대를 꿰뚫어 보는 FBI 심리 기술

데 사용하는 가장 간단한 방법은 바로 웃는 표정이 '대칭'을 이루는 지를 살피는 것인데, 여기에는 생리학적인 근거가 있다. 연구 결과에 따르면 마음에서 우러나온 웃음이 아닌 억지웃음을 지을 때, 사람의 얼굴은 한가운데를 기준으로 좌우가 비대칭을 이룬다. 이러한 현상이 나타나는 이유는 대뇌반구의 안면근육 제어에 불협화음이 생겨서다. 즉, 우뇌는 이미 얼굴의 반쪽에 명령을 전달했는데, 좌뇌는 아직 생각에 잠겨 있어 안면근육의 좌우가 비대칭을 이루게 된다. 그래서 FBI는 자신과 대화를 나누는 상대가 한쪽 입꼬리를 살짝 비틀어 올려 웃거나, 한쪽 콧방울이 커지는 모습을 발견하면 조용히 이를 기록해둔다.

사실 웃음에도 여러 종류가 있다. 웃는 방식을 통해 한 사람의 성격적 특징을 읽어낼 수 있다. 엄격한 훈련을 받은 FBI 요원들이 범죄자의 범죄 당시의 심리 등을 읽어낼 수 있는 이유는 심리학과 밀접한 연관이 있다.

그렇다면 FBI가 주의할 필요가 있다고 말하는 웃는 방식에는 무엇이 있는지 살펴보자.

위아래 입술을 붙이고 안쪽으로 살짝 오므리며 웃는 웃음

이런 방식으로 웃는 사람은 사실 자기방어 기제가 매우 강하다. 마음에서 우러나온 웃음이 상대를 받아들이겠다는 뜻이라면 입을 오므리며 웃는 웃음에는 거절의 의미가 담겨 있다. 이렇게 웃는 모습은 주로 여성에게서 찾아볼 수 있다. 이는 남성에 비해 여성이 더 치밀하고, 내재화된 경향이 있으며, 자신의 생각을 있는 그대로 드러내려 하지 않기 때문이다. 그래서 제3자 앞에서 동료의 외투가 예쁘다고 칭찬한 후, 한쪽에서 입술을 오므리며 웃는 여성의 모습을 자주 볼 수 있다.

FBI는 상대가 이러한 웃음을 짓는다면 이를 마음에 새겨, 그에 대한 경계심을 높인다. 말을 하는 당사자는 자신이 어떤 감정을 드러냈는지 개의치 않겠지만, FBI의 눈에 그는 겉과 다른 속마음을 감추고 있을 가능성이 큰 인물이기 때문이다.

콧방울로 숨을 흘리며 웃는 웃음

누군가 이런 웃음을 짓는다면 그는 부정적인 태도를 보이는 것이 분명하다. 이러한 웃음은 '코웃음'을 치는 것과 마찬가지로 깔봄과 비웃음, 부정을 뜻한다. 이러한 웃음을 짓는 사람은 입을 오므리고 웃는 사람보다 훨씬 외재화되었으며, 강력한 지휘 욕망과 뚜렷한 자의식을 가졌다. 다시 말해서 콧방울로 숨을 흘리며 웃는 사람은 공격성이 매우 강하고 무자비하기에, 이들을 대할 때는 좀 더 조심해야 한다.

서로 다른 두 가지 표정을 보이며 웃는 웃음

이러한 웃음의 특징은 주로 입가와 얼굴 근육, 미간, 눈빛에서 드러난다. 이 경우 얼굴 근육은 일반적으로 웃음을 지을 때와 다를 바가 없다. 입꼬리가 자연스럽게 올라가 언뜻 보면 매우 환한 표정을 짓는 것처럼 보인다. 그러나 이때 눈썹과 눈빛은 보통 사람이 웃을 때와는 큰 차이가 난다. 미간을 찌푸리고, 눈빛 또한 한 사람에게 고정되어 상대에게 가시방석에 앉은 듯한 느낌을 준다. 이러한 웃음을 짓는 사람은 대개 노련하고 악랄하며, 속임수와 위장에 능하다. 그래서 FBI는 이러한 사람들을 상대할 때 특히 조심하는 편이다. 그들을 상대하는 일이란 마치 정신과 의사와 정신과 의사가 만나 누구의 실력이 더 좋은지를 겨루는 것과 같기 때문이다.

불연속성을 띠는 '일제사격 식'의 웃음

'일제사격 식' 웃음이란 마치 조총을 발사하는 소리처럼 웃음소리가 불연속적이라 붙여진 이름이다. FBI 요원은 습관적으로 이런 웃음을 짓는 사람을 진솔하지 못한 사람으로 분류한다. 웃음소리엔 자고로 따뜻함이 넘쳐야 하는데, 이들의 웃음소리에는 차가움이 섞여 있다. 그리고 이들은 일부러 소리를 높여 웃음소리를 냄으로써 자신을 소탈하고 명랑한 사람으로 포장하려 한다.

하지만 '일제사격 식' 웃음에 익숙한 사람은 사실 위의 몇 가지

웃음을 보이는 사람보다 훨씬 이해타산적인 편이라 진정한 친구를 사귀기 어렵다. 필요한 순간엔 망설임 없이 발을 빼 자신부터 보호하고 본다.

무심결에 하는 행동에
진실이 숨어 있다

사람과 사람 사이의 교류를 '언어적 교류'와 '비언적 교류'로 나눈다. 그중 '비언어적 교류'는 60~65%를 차지하며, 남녀가 사랑을 나누는 동안에는 거의 100%가 '비언어적 교류'이기도 하다. 이러한 교류가 하나하나 표면화되어 다양한 몸짓 언어가 되는데, 그중에서 상대가 거짓말을 하고 있을 때 나타나는 행동을 몇 가지로 종합해보면 이렇다.

발은 뭔가를 말해준다

인체의 생리학적 구조상 양 극점에 있는 대뇌와 발은 인간의 움직임과 밀접한 연관이 있다. 대뇌가 움직임을 판단하면, 발이 그 행동을 이행한다. 그러나 생각은 눈으로 볼 수 없기에 누군가의 다음 행동을 예측하려면 발을 중점적으로 관찰해야 한다.

FBI는 사람이 거짓말을 할 때, 발끝이 바깥을 향한다고 말한다. 다시 말하면 거짓말을 하는 주체는 거짓말을 함으로써 느끼는 두려움과 어떻게 될지 알 수 없는 불확실성 때문에 거짓을 꾸며내는 동시에 자신도 모르게 달아날 준비를 한다는 것이다. 이뿐만 아니라 거짓말을 하는 사람의 신발과 양말을 모두 벗긴다면, 그의 발가락이 위아래로 끊임없이 움직이고 있는 모습을 볼 수 있다.

팔 역시 주목할 만한 부위다

한번은 사건을 처리하기 위해 FBI가 평범한 손님으로 가장한 적이 있었다. FBI는 수배범과 가까운 테이블에 앉아 커피를 마시며 그와 말을 섞을 기회를 엿보았다. 그런데 교활한 용의자가 경찰의 냄새를 맡은 눈치였다. 짐짓 태연하게 앉아 얼굴에 친근한 미소까지 띠고 있었지만, 자신의 허벅지 위에 손을 올려놓고 발끝 역시 식당의 문 쪽을 향해 있었기 때문이다. 그리하여 FBI 요원은 상대가 자신의 존재를 눈치채고 기회를 봐서 달아날 생각을 하고 있음을 알 수 있었다.

사람이 위협을 느끼면 자연스럽게 발끝이 출구 쪽을 향하며, 언제라도 자리를 박차고 일어나 달아날 수 있도록 허벅지 위에 두 손을 올려둔다는 사실은 이미 연구를 통해 증명된 사실이다.

습관적으로 입과 얼굴을 손으로 가린다

이에 대한 해석은 조금 복잡한 편이다. 그러나 심리학자들의 가장 직관적인 해석에 따르면 사람은 거짓말을 할 때 심리지수가 하락하는데, 이때 대인관계에서 드러나는 기세 역시 위축되어 손으로 가리는 방어자세를 취하게 된다. 다시 말해서 일반인의 심리지수가 50이라면, 거짓말을 할 때는 제 발 저림에 40 정도로 지수가 하락한다는 것이다. 하지만 반대로 그가 무슨 좋은 일을 했다면 대인관계에 적극적으로 나서게 되고, 심리지수 또한 상승한다.

한번은 FBI가 절도혐의를 받는 남성 두 명을 체포했다. 그들은 자신들이 절도 행각을 벌이기 시작한 지 얼마 되지 않았고, 고작 5건의 사건을 일으켰을 뿐이며, 다른 동료는 없다고 진술했다. 하지만 FBI는 조직범죄를 의심하며, 현지에서 발생한 여러 건의 절도사건이 그들과 연관이 있을 거로 보았다. 문제는 두 남성의 진술이 일치하는데다 그 어떤 허점도 찾을 수 없다는 점이다.

그러나 이후 그들이 보인 사소한 행동 하나가 FBI에게 자신의 생각이 틀리지 않았다는 확신을 심어주었고, 결국 FBI는 두 남성이

30여 명으로 구성된 범죄조직의 일원임을 밝히고 조직을 소탕하는 데 성공할 수 있었다.

FBI가 주목한 그 사소한 행동이란 바로 총 몇 사람이 움직였냐는 질문에 용의자가 보인 반응이었다. 사실 용의자는 자신과 손, 둘 뿐이라는 대답을 하기 전까지 줄곧 고개를 반쯤 떨구고 있었다. 그런데 이 대답을 하면서 손으로 얼굴을 가린 채 고개를 들고 질문하는 사람을 힐끔 쳐다보았다. 별것 아닌 이런 행동이 FBI의 의심을 불러일으켰다. FBI는 그의 말이 거짓이라 확신했다. 손으로 얼굴을 가린다는 건 긴장감을 감추는 동시에 FBI의 눈치를 살펴 다음 행동을 계산하려는 것이 틀림없었기 때문이다. 결국 한참의 기 싸움 끝에 FBI는 두 사람의 배후에 범죄조직이 있다는 것을 밝혀 조직의 '소굴'을 일거에 소탕했다.

사람은 압박을 느낄 때 자신도 모르는 행동을 한다는 이론을 입증한 사례로, FBI가 왜 이 이론을 사건 해결의 돌파구로 삼는지를 보여준다.

이와 관련해 베테랑 심리 전문가 조 내버로가 경험했던 일을 살펴보자. 어느 날 애리조나주에서 성폭행 사건이 발생했다. 일련의 수사 끝에 경찰은 용의자를 찾아냈지만, 의외로 그의 진술은 설득력이 있었다. 용의자는 한 번도 피해자를 만난 적이 없으며, 목화밭

상대를 꿰뚫어 보는 FBI 심리 기술

을 따라가다 왼쪽으로 꺾어 곧장 집으로 갔다고 주장했다. 동료들이 그의 진술을 기록하는 동안 계속 용의자의 일거수일투족을 관찰하던 내버로가 말했다. "쭉 지켜봤는데, '왼쪽'으로 꺾어 '집'으로 갔다는 말을 하면서 손은 오른쪽을 가리키더군요." 문제는 그가 가리킨 방향이 정확히 사건 현장으로 향하는 길이었다는 점이다. 그랬다. FBI가 계속해서 그를 지켜보지 않았다면 그의 언어(왼쪽으로 꺾어)와 비언어(오른쪽을 가리킴) 사이의 불일치를 포착하지 못했을 테고, 어쩌면 범인을 밝혀내지 못했을지도 모를 일이었다. 그러나 내버로는 용의자의 행동에서 단서를 발견해냈고, 그 후 그를 집중 추궁한 끝에 결국 범인의 자백을 받아낼 수 있었다.

이 사건에서 용의자는 논리적이고 그럴듯한 거짓말을 꾸며가며 범행을 숨기려 했지만 결국 자신의 몸짓에 '배신'을 당했다. 사실 범인이 이러한 '실수'를 한 이유는 그에게 조심성이 부족해서가 아니다. 오히려 그의 빈틈없는 진술을 통해 우리는 그가 수사 대응능력이 뛰어난 지능범임을 알 수 있다.

심리학자들의 말에 따르면 사람은 누군가에게 어떤 일을 설명할 때 먼저 머릿속에 이미지를 떠올린다고 한다. 다시 말해서 이 범인은 머릿속에 형성된 이미지대로 사건 현장에 관한 이야기를 한 것이다. 문제는 그의 머릿속엔 목화밭을 따라가다 오른쪽으로 꺾어

도착한 사건 현장에 대한 본래 이미지가 머릿속에 남아 떨칠 수 없는 기억이 된 후였다는 점이다. 그래서 범인은 진술하는 과정에서 거짓을 꾸미고, 진실을 왜곡하여 자신의 범행을 덮으려 했지만 대뇌 깊은 곳에 남은 기억이 그의 손을 움직여 진술의 허점이 드러나게 한 것이다.

심리학자들의 연구 결과에 따르면 인간에겐 기본적인 두 가지 본능이 있다. 바로 종족 번식의 본능과 자기방어본능이 그것이다. 범죄자들이 경찰의 심문에 거짓말을 하는 것도 자신을 보호하기 위한 일종의 본능적 반응이다. 그러나 거짓말을 하면서도 진실이 밝혀질까 두려워하는 마음이 끊임없이 범인을 압박한다. 게다가 범행 당시의 환경이라든지 범행 도구, 피해자의 표정 등도 지워지지 않는 이미지로 남아 심리적인 약점이 된다. FBI는 바로 이러한 약점을 찾아 사건 해결의 돌파구로 삼는다.

의학과 생물이론이 날로 발전하는 오늘날, 과학자들은 거짓말 탐지기까지 발명했다. 거짓말 탐지기는 목표 대상이 거짓말을 할 때 강렬한 심리적 파동으로 인해 혈압, 맥박, 호흡, 피부 전기반사에서 나타나는 이상을 토대로 한다.

손동작에도 한 사람의 심리 변화가 드러난다

많은 사람 앞에서 말할 때 어색해서 손을 어디에 둬야 할지 모를

상대를 꿰뚫어 보는 FBI 심리 기술

때가 있다. 어떤 사람들은 긴장하면 습관적으로 양손을 모아 깍지를 끼기도 하고, 또 어떤 사람들은 어쩔 줄 몰라 하며 우두둑 소리가 나도록 손가락의 관절을 꺾기도 한다. 심리학자들은 사람의 손동작을 통해서도 한 사람의 성격이나 타인을 대하는 태도 등을 알 수 있다고 말한다.

연구 결과에 따르면 사람의 다섯 손가락 중 엄지는 그 사람의 성격을 나타내는 최고의 매개체다. 그래서 FBI는 용의자를 관찰할 때 보통 엄지손가락을 가장 중요하게 생각한다.

알다시피 엄지를 세우는 동작에는 많은 뜻이 내포되어 있다. 일반적으로는 감사, 칭찬의 의미가 있지만, 개인적으로는 높은 자신감을 나타낸다. 예를 들어 다른 이의 도움을 받았다거나 누군가에게 존경의 마음이 생겼을 때 엄지를 세울 수 있다. 어떤 범죄자들은 조사를 받는 중에 자신의 엄지를 세우기도 하는데 이는 그가 자신감이 매우 강한 사람임을 보여주는 제스처다.

FBI는 일부 성공한 정재계 인사들을 보면 악수할 때 항상 자신의 엄지가 바깥으로 드러나도록 한다는 것을 알 수 있는데 이는 그들의 자신감을 보여준다고 말한다. 게다가 대인관계에서 고자세를 취하거나 자신감을 보이는 사람들에게서 손으로 피라미드를 만드는 동작을 자주 관찰할 수 있다고 한다. 손바닥을 붙이거나 손가락을 교차하지 않고 손끝만을 모으는 이 동작은 행위 주체의 우월감을 드러내는 동시에 상대로 하여금 명령을 받는 듯한 느낌을 준다. FBI는 용의자를 심문하다 보면 초반에는 손을 피라미드 모양으로 만들고 기세등등하게 질문을 받아치던 사람도 경찰이 내민 증거에 자신의 거짓말이 들통나면 바로 두 손을 주머니에 찔러 넣으며 불안감을 감추려 하는 모습을 볼 수 있다고 말한다.

거짓말의 신호를
읽을 수 있다

FBI는 거짓말을 하는 사람들 중에서 대부분이 질문에 미리 준비해 온 대답을 한다는 사실을 발견했다. 다시 말해서 사람들은 자신의 거짓말을 감추려 할 때 이유나 꾸며낸 이야기를 미리 준비한다는 것이다. 그럼에도 그들의 거짓말을 간파하려면 다음의 몇 가지에 주의해야 한다고 FBI는 조언한다.

'나'를 잘 사용하지 않는다

본인이 생각하기에 민감한 단어 또는 중요한 단어를 일부 생략한다면 상대는 준비해 온 답을 하고 있을지도 모른다. FBI는 사람이 거짓말을 할 때 일부러 자신의 존재를 숨기려 하기 때문에 진술 중 '나'라는 단어를 잘 사용하지 않는다는 사실을 발견했다. 이러한 경우는 일상생활에서도 흔히 찾아볼 수 있다.

예를 들어 밖에서 친구와 술을 마시다 늦은 시간에 귀가한 남편에게 왜 이렇게 늦었냐고 아내가 추궁하자 남편은 상황을 모면하려고 '차가 고장 났다'고 대답하는 경우가 그러하다.

심리학의 대가 폴 에크만(Paul Ekman)은 이때 남편이 한 말이 진짜라면 문장의 주어가 '나'가 되었을 것이라고 지적한다. 자신의 신경세포를 활성화하는 이 대명사를 생략할 리 없다는 것이다. 물론 이것만으로 상대가 거짓말을 하는지 아닌지를 판단하기에는 무리가 있다. 그러나 상대가 대화 중 반복적으로 '나'라는 단어를 생략한다면 주의할 필요가 있다.

절대 미리 준비한 이야기를 잊어버리지 않는다

거짓말을 하는 사람들에게 나타나는 또 다른 특징은 사건의 과정을 질문받았을 때 '그 어떤 부분'도 빠짐 없이 이야기를 한다는 것이다. 왜냐고? 자신이 미리 짜놓은 시나리오에 따라 이야기를 하기 때문이다. 특히 그들이 하는 얘기는 상황과 부합할 뿐만 아니라 논리적이어서 수사관들의 머릿속을 복잡하게 만들기도 한다.

그러나 심문 때 용의자들이 진술한 내용이 구체적이라 빈틈을

　　　　　　　　상대를 꿰뚫어 보는 FBI 심리 기술

찾기 어려운 상황에도 돌파구는 있다. 바로 상대가 빈틈없이 완벽한 답을 했다는 착각에 빠졌을 때, 끊임없이 질문을 반복하는 방법을 사용하는 것이다.

이에 대해 폴 에크만은 거짓말을 하는 사람이 "내가 전화했을 때, 당신은 어디 있었죠?", "오늘 오후엔 어딜 갔나요?"와 같은 질문을 받으면 상대는 이렇게 분명하게 답할 것이라고 말한다. "차를 끌고 사촌 형네 집으로 가서 건물 아래층에 있는 식당에서 함께 식사했습니다. 그 후 형과 함께 축구경기를 보러 갔고, 경기가 끝난 후 차를 운전해 곧장 집으로 왔습니다."

어떤가? 매우 논리적이지 않은가? 폴 에크만은 대답하는 사람이 거짓말을 하지 않았다면, 질문을 받고 급작스러운 기분이 들었을 거라고 지적한다. 미리 답을 준비할 시간이 없었기에 더듬더듬 말하게 되고, 심지어 깜빡하는 부분도 있을 거라는 얘기다. 만약 위의 대답에서처럼 사촌 형네 집에 간 것이 사실이라면, 그는 이렇게 말했을 것이다. "아, 차를 몰고 사촌 형 집에 갔어요. 그다음엔? 함께 축구경기를 보러 갔고요…… 아, 아니다. 가기 전에 건물 아래층에 있는 식당에서 함께 식사도 했어요. 경기가 끝나고 나서야 다시 차를 운전해 집으로 돌아왔죠."

미리 거짓 답을 준비한 사람들은 거짓말을 꾸미고, 타인의 판단력을 흐리게 만드는 데 능하다. 또한 그 이야기가 일반적인 논리에서 벗어나지도 않는다. 그러나 일부러 준비하고 계획한 답이기에 듣는 사람이 조금만 머리를 써도 상대의 당당한 말 속에서 빈틈을 찾을 수 있다고 FBI는 조언한다.

거짓말을 간파하는 가장 간단한 방법은 상대와 처지를 바꿔보는 것이다. 목표 주체가 처한 상황, 신분, 갈등에 나를 대입해 상대의 심리적 압박감을 느껴보고, 그의 다음 행동이나 실제 심리적 동기를 확인해본다.

갑자기 목소리와 톤을 높인다

거짓말을 하는 사람들은 대부분 목소리를 높이지 못하고 우물거린다는 속설이 있다. 그러나 FBI는 이와 다른 의견을 낸다. 미리 준비해 온 거짓말을 할 때는 자신도 모르게 목소리와 톤을 높여 상대를 헷갈리게 만든다는 것이다.

사실 거짓말을 하는 사람이 갑자기 목소리를 높이는 것은 자신의 불안감을 감추기 위한 하나의 수단이다. 타인이 자신의 거짓말을 눈치채지 못하도록 시쳇말로 밑밥을 까는 작업으로 자신의 저력을 내보이려는 것이다. 이렇게 해야 상대와의 기 싸움에서 밀리지 않는다는 생각에서다.

예를 들어보자. 한밤중에 남편이 누군가에게 걸려온 전화를 받자 아내가 물었다. "이렇게 늦은 시간에 누구예요?" 그러면 남편은 보통 남성의 이름을 대고 이내 목소리의 데시벨을 높이는데, 그 의도는 매우 분명하다. 바로 통화 상대에게 '조심해, 지금 내 아내가 옆에 있어!'라는 암시를 주는 동시에 자신의 아내에게 '봐, 아무것도 아니야. 정말이라고!'라고 어필하기 위함이다. 즉, 큰 소리로 거짓말을 함으로써 자신의 기를 살리고, 상대도 압도하려는 속셈이 숨어 있다.

FBI는 이렇게 감정이 들뜬 듯한 모습을 보이는 거짓말쟁이의 이면에는 극도의 두려움과 약한 마음이 숨겨져 있다고 말한다. 그러나 시의적절하지 않은 돌출행동이어서 알아차리는 것이 어렵지 않다고 설명한다. 다만 한 가지, 목소리를 높여 상황을 통제하려는 거짓말쟁이의 경우 머릿속으로 이미 준비를 마쳤기에 매우 신중하다는 점에 유의해야 한다. 따라서 상대가 당당하게 목소리를 높인다면 올바른 반격으로 그들의 마음속 금기를 건드려 그들의 기를 누르고 주도권을 잡아야 한다. 이것이 바로 기 싸움에서 승리하는 열쇠다.

FBI가 한 형사사건을 수사하던 중 요원 한 명이 델라라는 이름의 여성과 대화를 나눴다. 당시 그 FBI 요원은 위장을 한 상태였다. 그는 델라가 홀로 한쪽 구석에서 커피를 마시고 있는 모습을 보고 구실을 찾아 그녀에게 말을 걸었다. 아이, 강아지, 다이어트 성공 경험 등 가벼운 주제로 이야기를 시작한 두 사람은 꽤 말이 통했다.

얼마 후 델라가 조금씩 경계심을 풀기 시작하자 FBI는 업무적인 이야기로 화제를 옮겼다.

FBI: "최근에 뉴스를 보니 플레이노시의 한 은행에 강도들이 난입했는데 은행 직원의 기지로 피해를 면했다더라고요."

델라(목소리를 높이며): "그래요? 제가 신문을 잘 안 봐서요."

FBI: "경찰이 이미 CCTV를 확인했는데, 화질이 워낙 좋다고 하더라고요. 범인들은 이제 꼼짝없이 잡힐 일만 남은 거죠."

델라(계속 높은 톤으로): "그렇겠네요! 하지만 그게 저와 무슨 상관이겠어요? 제가 그 은행에 저축한 것도 아니고, 강도짓을 한 사람이 누구든 저와는 관계없는 일인 걸요."

FBI는 이 짧은 몇 마디 말을 통해 이만 대화를 끝내도 되겠다고 직감했다. 이전까지만 해도 별다른 동요 없이 줄곧 안정적인 모습을 보이던 델라가 플레이노시의 은행 강도사건을 언급하자 곧바로 목소리를 높이며 욱하는 모습을 보였고 이에 그녀의 혐의를 더욱 의심하지 않을 수 없었던 것이다. 결론적으로 이 FBI의 추론은 정확했다. 델라는 다름 아닌 이 강도사건에 가담한 연결책이었다.

갑작스럽게 베푸는 친절은 달콤한 속임수다

자고로 할 일 없이 아첨하는 사람은 도둑 아니면 사기꾼이라고 했다. 물론 이 말 그대로 상대를 속단해서는 안 되겠지만, 그래도

상대를 꿰뚫어 보는 FBI 심리 기술

이 말이 아주 일리 없는 말은 아니다.

사람마다 성격이 달라 어떤 이는 거짓말을 할 때 목소리를 높이거나 상대의 눈을 똑바로 쳐다보는 방법으로 상대를 압도하지만, 또 어떤 이는 '뇌물'을 제공해 주도권을 얻으려 하기 때문이다. 전자의 방법 대신 후자를 택하는 사람들은 주로 저자세와 사탕발림으로 상대를 공격하므로 정신을 차리고 보면 이미 되돌릴 수 없는 상황일 때가 많다고 FBI는 말한다.

사실 달콤한 속임수에 넘어가지 않기란 말처럼 쉬운 일이 아니다. 상대의 상냥한 얼굴을 마주하고 있노라면 금세 경계심이 사라져 방심하게 마련이다. 물론 이때 상대를 속이려는 사람은 상대의 심리적 방어선을 무너뜨리기 위해 자신의 말과 행동을 철저히 단속하며 계획적으로 상대의 비위를 맞춘다.

이에 FBI는 누군가 나에게 갑작스럽게 친절을 베푼다거나 할 일 없이 사탕발림을 한다면 반드시 상대의 관점에서 '나에게 왜 이러는 걸까?', '목적이 뭘까?', '내가 지금 어떤 상황에 처해 있는 거지?'를 생각해봐야 한다고 조언한다.

일반적으로 이유 없이 아첨하는 사람은 상대의 경계심을 늦추려는 목적으로 접근해, 감추고 싶은 진실이 있을 때 거짓말로써 자신의 임무를 달성한다. 하지만 거짓말을 함으로써 느끼는 죄책감에 그들은 이를 '보상'할 무언가를 해야 한다는 생각을 갖게 되고, 결국 상대의 비위를 맞추며 자신의 거짓말을 '합리화'한다. 그리고 이러한 행동들이 그들의 거짓말을 더 잘 감춰주는 역할을 하기도 한다. 이런 상대와 마주했을 때는 단도직입적으로 이야기를 꺼내는 것이 상대의 사탕발림 공세를 사전에 차단하는 가장 좋은 방법이다.

상대의 거짓을
들춰내는 방법

　앞서 우리는 거짓말을 하는 사람들의 특징에 대해 알아보았다. 그렇다면 FBI는 어떻게 상대의 거짓을 들춰낼까? 사실 거짓을 들추기란 그리 쉽지 않다. 용의자 중에는 온갖 수단을 동원해 그들과 힘겨루기를 펼치는 노련하고 교활한 사람들이 많기 때문이다. 특히 요즘엔 다양한 통로로 정보를 얻을 수 있어 극악무도한 범죄자들이 고도의 수사대응법을 익히고 있는 경우도 다반사다. 그런 까닭에 FBI는 어떻게 하면 범죄자와 심리전을 펼쳐 그들을 미리 설계해놓은 함정에 빠트릴 수 있을지를 집중적으로 연구한다.

　FBI는 어떻게 용의자들의 거짓을 들춰내는지 함께 살펴보자.

반복적인 질문으로 상대를 공격한다

사람들은 거짓말을 할 때 '거짓 상태'와 '비(非)거짓 상태'로 나뉜다. 거짓 상태란 너무 열심히 거짓말을 한 나머지 자기 자신조차 그 거짓에 속아 넘어가는 상태를 말한다. 물론 이러한 거짓 상태가 계속되지는 않는다. 시간의 흐름에 따라 점점 거짓에서 벗어나기 때문인데, 이렇게 거짓 상태를 완전히 지나고 나면 '비거짓 상태'에 놓인다. FBI는 '거짓 상태'에 있는 용의자들은 마음의 준비를 단단히 하고 있는데다 심지어 거짓을 현실로 인식할 때도 있기 때문에 심문 과정에서 빈틈을 찾기가 어렵다고 말한다. 그들이 마음의 평정을 되찾아 환상에서 현실로 돌아왔을 때가 사건의 돌파구를 마련할 수 있는 절호의 기회다.

한번은 FBI의 날카로운 질문 공세에도 끄떡 않는 용의자가 있었다. 용의자는 FBI의 질문에 조목조목 답을 내놓아 도무지 빈틈을 찾을 수가 없었다. 그리하여 FBI는 방법을 달리하기로 하고, 시답잖은 이야기로 화제를 바꿨다.

이 과정에서 FBI는 돌연 이렇게 물었다. "사건이 발생했을 때 어디에 갔었죠?"

그러자 용의자는 언짢은 기색을 내비치며 대답했다. "친구들과 함께 노래방에 갔어요. 그들이 증인이라고요."

"노래방에서 나온 이후에는 뭘 했죠? 노래방에서는 몇 시간이나 있었습니까?"

"새벽 두 시까지 있었다고 말씀드렸잖습니까."

이에 FBI는 더 이상 관련 문제를 추궁하지 않고, 다시 용의자와 다른 이야기를 나누었다. 이렇게 또 한참의 시간이 흐르고, FBI는 또다시 용의자에게 사건 발생 시간에 어디에 갔었느냐고 똑같은 질문을 던졌다. 그러자 이번엔 용의자가 화를 내며 소리쳤다. "제가 그 망할 대답을 100번 넘게 해야 직성이 풀리는 겁니까? 똑똑히 들으세요! 난 노래방에 갔다고요!"

용의자는 이미 이성을 잃은 듯했다. 마음의 평화가 깨졌다는 건 그가 '거짓 상태'에서 벗어나 '비거짓 상태'에 들어서기 시작했다는 징조였다. FBI는 집요하게 추궁하기 시작했다. "그럼 노래방에서는 몇 시간이나 있었습니까? 노래방에서 나와서 어딜 갔죠?"

"두 시까지 있다가 집으로 돌아갔어요. 집에 가서는 다음 날 아침까지 계속 잤고요."

흥분하는 용의자를 보고 FBI는 준비한 모든 질문을 쏟아내며 맹공격을 퍼부었고, 그렇게 한 번 또 한 번 상대의 심리적 방어선을 무너뜨려 끝내 사건의 진실을 실토하게 만드는 데 성공했다.

위의 사례에서 알 수 있듯 FBI는 이미 준비가 된 상대를 대할 때 절대 덮어놓고 공격하지 않는다. 상대가 '거짓 상태'에서 벗어날 때까지 기다린 후 공세를 펼쳐 단번에 상대의 심리적 방어선을 무너뜨린다.

상황에 따라 말실수에서 돌파구를 찾는다

일반적으로 사람들은 '말실수'에 큰 의미를 두지 않는다. 그러나 FBI에게 말실수는 상대의 심리 변화를 알아채는 중요한 돌파구다.

살면서 누구나 말실수를 한다. 특히 긴장하거나 초조할 때 이런 실수를 저지른다. 순간적으로 대뇌의 반응 속도가 입을 따라가지 못하기 때문이다. 한편, FBI가 더 중요하게 생각하는 것은 바로 무심결에 하는 말실수다.

용의자와 대화를 나눌 때 상대가 정말 범죄자라면 매우 긴장하기 마련이고, 일부러 민감한 문제들을 피하려다 말실수를 하게 된다. 이때 상대의 '말실수'는 용의자의 마음속 비밀을 뜻하는데, 이는 보통 사건과 연관이 있을 때가 많다.

FBI가 용의자를 심문하는 과정을 살펴보자. 이번 용의자는 친구를 살해한 혐의를 받는 한 엔지니어다.

FBI: 당일 저녁 아홉 시에서 열한 시까지 어디에 계셨죠?
엔지니어: 몸이 좀 안 좋아서 약을 먹고 잤습니다.

FBI: 무슨 약을 얼마나 드셨죠?

엔지니어: 수면제 두 알을 먹었습니다. 그리고 알람이 울릴 때까지 잤는데, 일어나 보니 아침 일곱 시 반이더군요.

FBI: 언제 잠자리에 들었습니까? 중간에 깬 적은 없나요?

엔지니어: 농담하시는 겁니까? 수면제를 두 알이나 먹었다고요! 아홉 시쯤 약을 먹었고, 맹세컨대 한 번도 깨지 않고 아주 푹 잤습니다.

FBI: 음, 하긴 그렇겠군요. 한숨 자고 나면 개운해지니까요.

엔지니어: 맞아요. 저도 이튿날 몸이 싹 나은 것 같았거든요. 가끔은 강아지한테도 먹여요. 밤에 짖지 말라고.

FBI: 당일 밤에도 개가 짖었나요? 어떤 개들은 매일 밤만 되면 엄청나게 짖어대던데.

엔지니어: 짖었죠. 하도 짖어서 급한 마음에 약을 조금 먹였는데 더 심하게 짖더라고요. 결국 이웃의 잠까지 설치게 만들었다니까요.

이 대화에서 FBI는 자신이 찾고자 했던 정보를 얻었다. 상대가 대화 중 상당한 모순을 드러냈기 때문이다. 처음 '깨지 않고 푹 잤다'라는 답과 이후 강아지가 짖는 통에 '이웃들까지 잠을 설쳤다'라는 답이 앞뒤가 맞지 않았고, 다시 말해서 이는 엔지니어가 거짓말을 하고 있다는 증거였다.

용의자가 거짓말을 한다는 단서를 포착한 FBI는 계속해서 수사를 진행했고 진실은 곧 수면 위로 떠올랐다. 그랬다. 사건이 벌어진 날 몸이 좋지 않아 약을 먹었다는 엔지니어의 말은 새빨간 거짓말이었다. 그는 그날 친구의 집에 갔고, 격렬한 말다툼 중 실수로 친구를 죽였다. 그 후 집으로 돌아오자 그의 반려견이 주인을 보고 짖어대는 통에 이웃들의 불만을 산 것이다.

대량의 정보 공세로 거짓말을 하는 상대의 마음을 연다

사람은 평생 헤아릴 수 없을 만큼 많은 정보를 접한다. 그중 어떤 정보들은 단기간에 기억 속에서 사라지고, 또 어떤 정보들은 오래도록 뇌리에 남는다. FBI는 범죄자의 머릿속에 남아 있는 많은 정보를 그들의 눈앞에 꺼내놓으면, 그들의 머릿속에 담긴 원래 정보와 시각적 정보가 공명을 일으키기 때문에 그들의 심리적 방어선을 공격할 수 있다고 말한다.

사건을 수사하다 보면 관련 증거나 단서가 부족해 수사에 난항을 겪을 때가 종종 있다. 이때 FBI가 꺼내 드는 카드가 바로 대량의 정보 공세다. 상대적으로 시간이 걸리는 방법이지만 쉽게 활용할 수 있어 이미 광범위하게 사용되고 있다.

상대를 꿰뚫어 보는 FBI 심리 기술

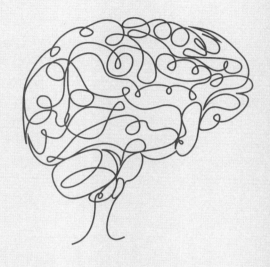

사람들은 말실수에 크게 의미를 두지 않지만,

상대의 심리 변화를 알아채는 중요한 돌파구가 된다.

특히 긴장하거나 초조할 때 말실수를 하는데,

순간적으로 대뇌의 반응 속도가 입을 따라가지 못하기 때문이다.

FBI 심리 기술 8

∞

술술 풀리는
인간관계를 위한 전략

대개의 사람들은 어떻게 원만한 인간관계를 맺을 것인가에 대해 고민한다. 이는 다양한 사람들을 상대하는 FBI 역시 마찬가지다. 탐문조사를 성공적으로 마쳐 증거를 수집하기 위해서는 상대의 심리를 파악하는 것이 관건이기에 FBI는 온갖 기술과 방법을 동원해 상대의 마음의 문을 연다. 이러한 FBI의 심리조종술을 일상생활에 적용한다면 우리도 인간관계에서 물 만난 고기가 될 수 있다.

상대방 마음의 문을
여는 방법

　모든 범죄자는 자신이 받게 될 법적 제재를 두려워한다. 이는 그들이 경계태세를 높이는 근본적인 원인이다. 사람은 누구나 자신을 보호하고자 하는 본능이 있기 때문이다. 일상적인 대인관계에서든 FBI의 심문 과정에서든 원활히 소통하려면 이러한 상대의 경계심을 풀어 마음의 문을 여는 것이 필수다.

　심리학적으로 대부분 사람들은 말조심을 해야 한다고 생각해 주동적으로 입을 열지 않는다. 설령 입을 연다고 해도 모순되는 부분이나 빈틈으로 타인에게 약점이 잡히지 않도록 신중에 신중을 기하는 자기방어 기제를 발동시킨다.

그러나 FBI는 좀처럼 입을 열지 않는 용의자들을 보면 대체로 정서적 안정감이 부족하고 외부에 대한 불신이 가득하다고 말한다. 여기서 잠시 안정감에 대해 짚고 넘어가자. 사전적 해석에 따르면 안정감은 발생 가능한 신체적, 심리적 위험에 대한 예감이자, 어떤 일을 대응하는 데 있어 개인이 느끼는 편안한 상태로 주로 확신감과 통제감으로 드러난다. FBI는 여기에 나온 두 가지 키워드를 잘 활용하면 당사자와 원활하게 소통할 수 있다고 강조한다. 바로 '확신감'과 '통제감'이다.

이에 대해 FBI가 정리한 용의자와 심리전을 펼치는 방법을 살펴보자.

적당한 시간을 골라 당사자와 단독으로 대화를 나눔으로써 상대에게 '확신'을 준다

이러한 방법은 주로 사건 관련 참고인에게 적용된다. 목격자나 참고인의 상당수는 범인의 보복이나 습격이 두려워 경찰 측에 증언하길 꺼리기 때문이다. 실제로 사건의 주범이 참고인이나 목격자를 살해한 사건들이 적지 않아 FBI는 증인보호를 첫 번째 임무로 두기도 한다. 이 과정에서 안전하고 사적인 소통 공간은 필수다.

그래서 FBI는 참고인을 조사할 때 상대가 낯선 환경에 불편함을 느끼지 않도록 상대에게 익숙한 곳을 약속 장소로 선택한다. 물론 참고인의 집은 되도록 피한다. 안 그래도 잠재의식 속에 경찰에게 증언하는 것은 위험한 일이라고 생각하는 참고인이 자신의 집에서 이런 위험한 일을 하고자 할 리는 없기 때문이다. 주로 참고인이 잘 아는 어느 커피숍과 같이 '제3의 장소'를 선택한다.

한편 범죄 용의자를 심문할 때는 조용한 작은 방에 용의자와 1~2명의 수사관이 들어가 조사를 진행한다. 여러 명의 수사관이 함께하면 용의자가 누구를 믿어야 할지 모른다는 불확실성에 불안감을 가질뿐더러 여러 명의 '적'을 상대해야 한다는 생각에 반감을 느껴 수사에 비협조적으로 나올 수 있다.

소피는 우연한 교통사고로 다중추돌 사고의 목격자가 되었다. 하지만 그녀는 증언을 거부했고, 경찰은 그런 그녀를 의심했다. 사고를 일으킨 운전자와 연관이 있을지도 모른다고 생각한 것이다. 조사 결과 운전자와 소피가 전혀 모르는 사이임이 밝혀져 강제로 소피를 심문할 수 있는 상황도 아니었다. 이때 소피가 매우 착하고 유약하며, 겁이 많고, 겸손한 사람이라는 것을 베테랑 수사관은 알게 됐다. 정보에 따르면 그녀는 결혼을 했으나 지금은 남편과 헤어져 싱글 맘으로 살고 있었다.

이에 FBI는 그녀가 자신과 아이의 안전을 생각해 증인으로 나서길 거부한다고 판단했다. 그녀의 마음을 돌릴 카드로 여성 FBI 수사관을 투입했다. 이 여성 수사관은 임무를 받은 후 소피를 데리고 가면무도회에 참가했는데, 바로 이 떠들썩한 무도회에서 소피는 드디어 마음의 문을 열었다. 그녀는 사고가 발생하기 전, 우연히 누군가 교통사고를 계획하는 이야기를 들었다며 검은 세력과 관련한 살인사건이 아닐까 하는 생각이 들었다고 말했다. 자신과 아이의 안전을 위해 침묵을 선택했다는 것이다.

이후 사건은 무사히 해결되었다. 다행히 소피가 우연히 들었다던 그 음모가 아니라 음주운전으로 인한 단순 교통사고로 밝혀졌다. 이 사건에서 소피는 참고인의 역할을 해냈다. 비록 초반에는 자신의 신변안전을 걱정해 경찰에 협조하기를 원치 않았지만, 영리한 여성 수사관의 도움으로 두려움을 떨쳐내고 자신이 목격한 바를 모두 진술했다.

약함을 드러내 상대에게 안정감을 준다

FBI는 용의자들에게 정보를 얻어내는 방법으로 일시적으로 약함을 드러내기도 한다. 이는 강한 세력이 있으면 약한 세력이 있기 마련인 자연계의 법칙과도 일치한다.

물론 사람과 사람 사이의 교류는 심리적으로 동등한 수평선상에서 이뤄져야 한다. 그러나 이 수평선은 두 사람의 신체적 조건에 의해 위아래로 요동치고, 이 과정에서 정상 수평선보다 아래에 놓인 사람은 불안감을 느낀다. 이렇게 되면 자기 생각을 완전히 드러내려 하지 않기 때문에 서로 소통에 어려움을 겪을 수밖에 없다. 이러한 현상은 FBI와 참고인의 소통 과정에서 특히 두드러진다. 그래서 참고인과 대척점에 있는 FBI는 참고인의 자신감과 안정감을 높여 줄 필요가 있을 때, 상대에게 약함을 드러내는 방법으로 참고인의 심리적 수평선을 높임으로써 그들이 거리낌 없이 진실을 말할 수 있게 한다.

한번은 지역 경찰이 완강한 도둑을 상대하느라 애를 먹은 적이 있었다. 경찰이 온갖 방법을 동원했음에도 이 도둑은 공범에 대해 함구했다. 특히 이 범인은 경찰의 일부 과격한 언행에 반감을 드러내며 더 꼭 입을 다물었다.

이후 FBI가 수사에 가담했고, 범인에 대해 분석한 결과 안정감이 없는 환경에서 자라 폭력에 큰 반감이 있다는 사실을 알아냈다. 이에 FBI는 팀에서 몸이 왜소한 편인 수사관을 골라 그가 단독으로 범인을 심문하도록 했다.

닭 한 마리 붙들어 맬 힘도 없어 보이는 FBI 요원이 취조실로 들어와 건장한 범인 앞에 앉자, 그전까지만 해도 구부정한 자세로 있던 범인이 이내 허리를 곧추세웠다. 아무 말도 하지 않은 채 말이다. 하지만 FBI는 자신들의 첫 번째 목표가 달성되었음을 알 수 있었다. 그 후, FBI 요원이 이런저런 질문을 던졌지만 범인은 여전히 침묵했다. 심지어 녹취가 되지 않고 있다는 사실을 알려줬음에도 범인은 그저 고개를 들어 요원을 한 번 쳐다볼 뿐이었다. 얼마 지나지 않아 줄곧 온화한 태도를 보이던 이 요원이 취조실을 나갔다.

12분이 지나고 FBI는 다시 건장한 몸에 우락부락한 인상의 요원 몇 명을 취조실에 들여보냈고, 범인은 그들에게 눈길조차 주지 않았다. 물론 이는 FBI가 예상한 바였다. 이들이 나가고 FBI는 다시 우람한 요원 한 명을 투입해 일대일 심문을 시작했다. 그러자 범인이 드디어 입을 열었다. 처음 들어왔던 그 '키 작은' 요원, 그러니까 신체적으로 자신에게 아무런 위협을 가하지 않을 것 같은 그 요원을 보내달라는 것이었다. 결국 이 범인은 키 작은 요원의 유도하에 공범을 불었고 이로써 사건은 일단락되었다.

이 과정에서 FBI는 일부러 자신들의 기를 눌러 알게 모르게 범인의 심리적 부담을 덜어주는 동시에 차근차근 회유해 끝내 상대의 심리적 방어선을 무너뜨리고 사건 해결이라는 임무를 완수했다.

약함을 드러내는 방법에는 의사소통 기술도 포함된다. 캘리포니아주를 떠들썩하게 만들었던 연쇄살인사건이 발생하고 얼마 지나지 않아 범인 리처드 체이스가 체포되었다. 그는 자신의 범행을 인정했지만 '어떻게 피해자를 선택했는지'에 대해서는 입을 다물었다.

FBI가 그의 성격을 분석한 바에 따르면 리처드는 괴팍한 사람이었다. 부모 외에는 거의 사람을 믿지 않았는데, 사건을 일으키기 전 어머니와도 사이가 틀어진 것으로 밝혀졌다.

이 어려운 상대는 고도의 훈련을 받은 FBI 특수요원 레슬러에게 넘겨졌다. 사람의 피를 왜 마시냐는 레슬러의 질문에 리처드는 말했다. "누군가 내게 독을 먹여서 신선한 혈액을 보충해야 해요. 그래야 내 몸 안의 피가 가루로 변하는 걸 막을 수 있거든요." 이는 조현병(정신분열증) 환자의 병적인 망상에 불과한 명백한 헛소리였다. 보통 사람이었다면 곧바로 그의 황당함을 지적하겠지만 FBI의 심리 전문가인 레슬러는 리처드의 말을 인정해줘야 하며, 놀란 기색 또한 보여서는 안 된다는 사실을 잘 알고 있었다. 그래야 리처드가 타인의 믿음을 얻었다고 생각해 이야기를 이어갈 터였다.

아니나 다를까 그는 계속해서 레슬러에게 말했다. "내 머리 위에 큰 위성 하나가 있어요. 보이세요?"

리처드가 괜한 저항심을 갖지 않게 하려면 그가 늘어놓는 황당한 말에 절대 반박해서는 안 되지만 그렇다고 무조건 맞장구를 쳐줄 수도 없는 노릇이었다. 범인이 일부러 거짓말을 해 자신을 시험해보는 것일 수도 있다는 사실을 배제할 수 없었다. 이런 상황에서 레슬러는 이렇게 답했다. "아, 미안하지만 조명이 어두워서 당신 머리 위에 있는 물건이 잘 안 보이는군요."

이렇게 FBI는 줄곧 범인에게 말을 양보하며 주도권을 주었고, 끝내 이 미치광이 연쇄살인마의 마음을 열어 사건과 관련한 모든 사실을 털어놓게 했다.

상대의 어린 시절과 성장 과정을 연구해 돌파구를 찾는다

세 번째는 상대의 어린 시절이나 과거를 통해 그의 심리를 연구하는 방법이다. 심리학자들은 한 사람의 어린 시절이 그의 성장에 막대한 영향을 끼친다고 지적한다. 어린 시절의 경험은 용의자의 범죄 심리를 연구하는 데 필수요소다. 실제로 이 방법은 조현병 증상을 보이는 범인에게 활용되기도 한다.

FBI의 연구 결과에 따르면 많은 범죄자가 어느 정도의 정신적인 문제를 갖고 있다고 한다. 문제는 정신적인 억압이나 이상으로 말미암아 이성의 통제에서 벗어나 원시 생물의 야성적 상태가 된 경우다. 정상인의 논리로는 그들의 행동을 추리할 수가 없다. 그런 점에서는 반 고흐, 레오나르도 다빈치, 장 폴 사르트르와 같은 천재적 예술가들과 비슷한 면이 있는 셈이다. 이들은 평생의 꿈을 좇는 과정에서 자신들의 깨달음을 표현하며 남다른 정신세계를 보여주었지만 모두 중증의 우울증을 앓았다. 만약 헤밍웨이가 권총 자살을 한 이유를 묻는다면 그저 '병적인 고통' 때문이라는 말로 설명하기엔 부족함이 있을 것이다. FBI가 극악무도한 범죄자를 상대할 때 먼저 그들의 정신세계로 들어가 그들의 심리를 파악하는 이유도 여기에 있다.

1980년대 세계 최악의 연쇄살인마라고 불린 헨리 리 루카스의 사례가 대표적이다.

1983년, 악명을 날리던 이 살인마가 사형선고를 받았다. 당시 그에게는 '역대 최악의 살인마', '중증 조현병 환자', '식인마', '네크로필리아[necrophilia, 시체에 대해 성욕을 느끼는 성도착증의 한 증상으로 시간증(屍姦症), 시체성애증(屍體性愛症) 등으로 불리기도 한다 – 옮긴이] 환자', '망상증 환자' 등 소름 끼치는 별칭이 붙어 있었다. 그도 그럴 것이 이 외눈의 악마는 자신의 친어머니조차도 잔인하게 살해한 역대 최악의 괴물이었다.

체포된 이후부터 경찰은 루카스에 대한 조사를 진행했다. 600건의 살인을 저질렀다고 주장하면서도 정작 경찰이 자세한 내용을 물으면 잘 기억나지 않는다고 얼버무렸다. 게다가 어떤 말은 진짜 같다가도 또 어떤 말은 너무나도 비논리적이어서 진술의 진위를 파악하기 어려웠고, 이는 경찰에게 큰 혼란을 주었다.

FBI가 루카스의 어린 시절과 성장 과정을 연구한 결과에 따르면 그에게는 명확한 범행동기가 있었다.

루카스는 매우 불행한 유년 시절을 보냈다. 그의 아버지는 알코

올중독자에 불구자였고, 어머니는 술주정뱅이 매춘부였다. 어린 시절의 그에게 아버지와 어머니는 악몽 그 자체였다. 특히 그의 어머니는 틈만 나면 그에게 욕설과 구타를 일삼았다. 그는 동물을 잡아다 학대하는 방법으로 마음속의 분노를 쏟아냈고, 그렇게 조금씩 잔인한 냉혈한이 되어갔다.

루카스가 '비인간적'인 유년 시절을 보낸 사실을 알고 난 후, FBI는 비로소 자신들의 눈앞에 있는 그 악마가 왜 범행을 저질렀는지 진짜 이유를 깨달을 수 있었다. 루카스는 끊임없이 "아, 또 생각났는데 그날 내가 또 한 사람을 죽였어……"라고 범죄 사실을 날조하고 부풀렸지만, FBI는 더는 그의 말에 휘둘리지 않았다. 어쩌면 신문에서 관련 정보를 얻었을 뿐, 자신이 말한 그 사람을 죽이지 않았을지도 모르며, 또 어쩌면 경찰의 주의를 끌고자 자신의 망상 속 한 장면을 꺼내 이야기한 것일 수도 있음을 알았기 때문이다.

요컨대 FBI가 용의자와 증인을 위해 안전한 환경을 마련하는 것도, 상대의 심리적 수평선을 높이는 것도, 또 용의자의 성장 과정을 통해 상대의 심리적 약점을 찾는 것도 결국 그 목적은 하나다. 바로 상대의 심리를 조종하기 위해서다.

상대의 '주관'을
'객관화'할 방법을 강구하라

　용의자에게 믿음을 얻으려면 반드시 상대방 관점에서 문제를 생각해볼 필요가 있다고 FBI는 말한다. 사회가 발전하면서 사람들의 자의식은 날로 강해지고 있다. 특히 일부 아이들은 어려서부터 자기 위주로 생각하는 버릇을 들여 외부에 대한 인식을 개인화, 주관화하기도 한다. 여러 중대 형사사건의 초반 수사 과정에서 경찰이 범인의 범행 목적을 밝히는 데 어려움을 겪는 이유도 이 때문이다. 이에 FBI는 범죄자들의 심리를 파악하려면 상대의 입장에서 그들이 보는 '주관적 세계'를 객관화해야 한다고 말한다.

　다시 말해서 범인이 자신의 주관적 세계를 이야기할 때 이를 반박해서는 안 된다는 말이다. 가장 좋은 방법은 범인의 개인적 관점에 어느 정도 동조하며 그의 관점을 객관화해 범인의 인정을 받는 것이다.

물론 이는 말처럼 쉬운 일이 아니다. 악랄한 수법으로 살인을 저지른 범죄자들을 마주한 상황에서 자신의 속내를 감춘 채 그들의 사악하고 폭력적인 생각들을 '합리화'해야 하기 때문이다. 그래서 가끔은 해당 분야의 전문가인 FBI조차도 실수를 한다.

실제로 한 아동살해범을 심문하는 과정에서 담당 수사관이 그에게 노골적인 반감을 드러낸 적이 있었다. 이에 범인은 분노했고, 두 사람은 첨예한 대립각을 세웠다. 이때 범인이 담배 한 대를 태우고 싶다며 창문을 열어달라고 요청했지만, 수사관은 큰소리로 호통을 치며 말했다. "똑바로 앉아서 질문에 답이나 하세요!" 그러자 범인은 엷은 미소를 보이며 아무런 대꾸도 하지 않은 채 순순히 자리에 앉았다. 일반적으로 잔인한 범죄자들에게는 극도의 분노를 느낄 때 이를 억누르는 경향이 있다. 이는 그들이 극단적인 행동을 할 전조이기도 했다. 이러한 사실을 모를 리 없었던 FBI 수사관은 이내 화제를 돌렸고, 그렇게 천천히 범인과 다시 대화를 나누며 일촉즉발의 상황을 넘겼다. 그러나 이후 수사관의 한마디에 범인이 벌컥 화를 내는 통에 그것으로 심문을 끝낼 수밖에 없었다.

FBI: 범죄를 저지르지 않았다면 뭘 했을 것 같습니까?

범인: 우주비행사가 되고 싶어 했을 겁니다.

FBI: 우주비행선에 아이들이 몇 명 있으면 더 좋고?

다분히 고의적이고 도발적이며 경멸이 담긴 이 말에 용의자는 격분하며 소리를 지르기 시작했고, 그렇게 심문은 끝이 났다.

그런 점에서 다년간 흉악범을 상대해온 레슬러는 훨씬 노련했다. 그가 일리노이주 세인트루이스시에 수감되어 있는 살인범 윌리엄 하이렌스를 만나러 갔을 때의 일이다. 그는 30년 가까이 수감생활을 하는 살인범에게 말했다. "사실 저는 당신과 여덟 살 차이밖에 나지 않지만 어렸을 때부터 당신을 알고 있었습니다. 당시 몇 건의 사건들은 그야말로 사람들에게 많은 관심을 받았으니까요. 어린 시절 친구들과 그 사건을 해결하겠다고 탐정놀이도 자주 했었죠."

이 말을 들은 하이렌스는 미소를 금치 못했다. 레슬러는 또 말했다. "시카고 출신으로 알고 있는데, 사실 저도 그곳에서 자랐습니다. 어렸을 땐 여덟 살의 나이 차가 크게 느껴졌는데, 나이가 들고 보니 그렇지도 않더군요."

이렇게 레슬러는 세간의 시선으로 하이렌스를 판단하지 않고, 최대한 그의 처지에서 사건 당시의 이야기를 꺼내 긴장과 갈등, 대립의 요소를 제거함으로써 단시간에 범인의 인정을 받을 수 있었다.

찰스 맨슨이라는 살인범을 인터뷰하러 갔을 때도 마찬가지였다. 맨슨은 지능이 높은 범죄자로 줄곧 자신의 억울함을 주장했다. 그는 누군가 필름을 뒤집어놓는다면 거꾸로 된 사진이 인화될 것이라며, 이 사회가 필름과 같다고 주장했다. 자신은 그저 거꾸로 된 필름의 그림자에 불과하다면서 말이다. 그의 꾐에 넘어가 폭력범죄에 가담한 사람들은 모두 그를 재림한 예수쯤으로 여기며 일편단심으로 이 악마를 추종했다.

인터뷰가 끝난 후 맨슨은 레슬러에게 기념할 만한 물건을 달라고 요구했다. 물론 레슬러는 상대의 속셈을 잘 알고 있었다. 맨슨은 기념품이라는 핑계로 다른 죄수들에게 자랑할 거리를 찾고 있을 뿐이라는 사실을 말이다. 맨 처음 맨슨은 레슬러의 FBI 배지를 탐냈다. 슬쩍 훔치려고 시도했지만 이내 레슬러에게 저지를 당했다. 그러자 그는 다시 레슬러의 보잉선글라스를 노렸고, 결국 레슬러는 자신의 보잉선글라스를 맨슨에게 주었다.

맨슨이 자신의 물건을 가져다 수감실의 동료들에게 자신이 또 FBI를 가지고 놀았다는 식의 허풍을 떨며 성취감을 느끼려 할 것이라는 것쯤은 레슬러도 알고 있었다. 아니나 다를까 맨슨은 보잉선글라스를 손에 넣은 뒤 수감실로 돌아가 보란 듯이 허풍을 떨었다. 이를 본 교도관은 선글라스의 출처를 의심했고, 레슬러에게 맨슨을 데려와 사실 여부를 확인하기까지 했다. 레슬러는 당시 자신을 바라보는 교도관의 눈빛에 화가 어려 있었다며, 자신의 행동을 전혀 이해하지 못하는 눈치였다고 회상했다. 그러나 레슬러는 범인이 보는 주관적 세계를 객관화하는 데 성공함으로써 범인과의 심리적 차이를 깨달을 수 있었고, 이를 바탕으로 많은 사람이 해결하지 못한 사건들을 해결할 수 있었다. 또한 '말로는 설득되지 않는다'는 많은 죄수를 인터뷰하는 데도 성공했다. 그중에는 맨슨과 같이 지능이 높은 살인범도 적지 않았다.

하지만 상대의 주관적인 생각을 완전히 인정하고 합리화하는 데는 신중함이 필요하다. 특히 왜곡된 심리를 가진 살인범을 상대할 경우, 그 적정선에 주의해야 한다. FBI의 오랜 경험에 따르면 강한 스타의식을 가진 일부 범인들은 공포와 혼란을 조성하는 방법으로 이름을 날리려 하고, 그 과정에서 쾌감을 느끼기 때문이다. 따라서 이러한 변태적 심리를 가진 사람에게는 적극적으로 억압을 가해야 한다.

상대가 능동적으로
참여할 수 있도록 자극하라

　마찬가지로 용의자들은 강한 자기방어 기제를 가지고 있어 심문 과정에 항상 소극적이고 수동적인 모습을 보인다. 그런 까닭에 FBI는 상대의 참여의식을 자극하는 것을 중요하게 여긴다. 앞서 소개한 방법으로도 비협조적인 사람들의 참여의식을 끌어낼 수는 있지만, FBI는 주로 상대를 '수동적' 입장에서 '능동적'인 입장으로 바꾸어놓는 방식으로 상대의 참여의식을 자극한다. 이 같은 목표를 달성할 수 있는 몇 가지 방법은 다음과 같다.

상대를 꿰뚫어 보는 FBI 심리 기술

경청한 후 그에 맞는 질문을 던진다

용의자의 진술에 귀를 기울이고 이를 기록하는 일은 모든 FBI의 필수 업무다. FBI가 주로 상대하는 사람들은 예민하고, 비상식적인 범죄자이기 때문이다. FBI는 경청을 기본으로 적절한 질문을 던진다면 생각지 못한 결과를 얻을 수 있다고 말한다.

실제로 사람들은 타인이 기꺼이 자신의 이야기를 들어줄 때 기쁨을 느낀다. 또한 자신의 이야기에 적절한 질문을 해줄 때, 상대가 정말로 열심히 자신의 말에 흥미를 갖고 귀를 기울이고 있다고 느껴 더 많은 이야기를 한다. 즉, 경청 후 그에 맞는 적절한 질문을 던지면 상대의 참여의식을 자극해 '수동적'인 상대를 어느 정도 '능동적'으로 만들 수 있다.

이는 FBI의 실전 경험을 통해 이미 여러 차례 검증된 내용이다. 베테랑 FBI들이 꼽은 범죄자를 이해하는 최고의 방법이기도 하다.

월리스가 한 용의자를 심문할 때의 일이다. 용의자는 취조실에 들어와 의자에 앉자마자 봇물 터뜨리듯 이야기를 쏟아내기 시작했다. 그러나 월리스는 이에 싫증을 내기는커녕 오히려 흥미진진하다는 듯 용의자의 이야기에 귀를 기울였다. 상대가 과거에 농구를 했다며, 전국고교리그에서도 활약했다고 말하자 월리스는 물었다. "저도 학교 농구팀이었어요. 안타깝게도 후보 선수였지만. 당시 포지선이 뭐였나요? 센터?"

그러자 키가 크고 건장한 체격의 용의자는 헤벌쭉 웃으며 말했다. "맞아요. 내가 그 땅꼬마 같은 녀석들을 가지고 놀았죠."

"농구는 키 큰 사람들의 스포츠니까요. 기술이 정말 뛰어나다면 모를까 작은 키로는 아무래도 힘들죠."

"맞아요. 게다가 난 민첩하기까지 해서 그들을 상대하기가 식은 죽 먹기였다니까요."

"그럼 주로 강해 보이는 상대를 선호했겠네요. 그렇죠?"

"네, 내가 선택한 타깃(피해자)은 대부분 쉬운 상대가 아니었어요. 다른 사람들의 눈엔 건장한 사람들이었으니까요. 하지만 내겐 농구장의 그 땅꼬마들과 별반 차이가 없었죠."

이렇게 월리스는 몇 개의 간단한 질문을 통해 자신이 원하는 방향의 대화로 상대를 끌어들였고, 상대가 반감을 느낄 새도 없이 순조롭게 임무를 완수했다.

'내막을 아는 사람'처럼 행동한다

교활하고 간사한 일부 범죄자들은 여러 번의 심문을 피하기 위해, 또는 적극적인 모습으로 형량을 낮추기 위해 청산유수로 말을 쏟아낸다. 겉보기엔 매우 협조적으로 심문에 임하는 듯하지만, 사실은 그러는 '척'할 뿐 진정으로 수사에 참여하지는 않는다.

레슬러가 맨슨을 인터뷰하러 갔을 때, 그 역시 그러했다. 레슬러를 만난 후 맨슨은 이런 말을 했다. "당시 바비가 나를 마약밀매조직 두목에게 데려갔죠……."

이에 레슬러는 일부러 그의 말을 끊으며 이렇게 끼어들었다. "바비 오슬로 말인가요?"

그러자 맨슨은 잠시 어리둥절해했다. 당시 상황에 대해 레슬러는 이렇게 설명했다. "아마 그는 내가 바비 오슬로라는 사람을 알 거라고 예상하지는 못했을 겁니다. 하지만 내가 자신에 대해 많은 준비를 하고 왔다고 느꼈겠지요. 다시 말하면 거짓말을 하고 싶어도 내게는 소용이 없을 거로 생각했을 겁니다."

이렇게 레슬러는 '내막을 잘 아는 사람'처럼 행동해 맨슨이 거짓말을 할 가능성을 사전에 차단했다. 게다가 '주도'적인 위치를 선점하기 위해서는 대화에 좀 더 신중하게 임해야 한다는 생각을 심어줌으로써 맨슨의 참여의식을 자극하기도 했다. 만약 레슬러가 '내막을 아는 사람'으로 분하지 않았다면, 그래서 자신이 많은 정보를 파악하고 있음을 암시하지 않았다면 맨슨은 다른 사람을 상대할 때와 똑같이 아무 근거 없는 말들로 그를 헷갈리게 했을 것이다.

우리가 일상생활에서 누군가와 심리전을 펼칠 때도 마찬가지다. 상대의 참여의식을 자극해 '수동'적인 위치에서 '능동'적인 위치로 바꾸면 전세(戰勢)를 완전히 뒤집을 수 있다.

상대를 꿰뚫어 보는 FBI 심리 기술

초판 1쇄 발행 2019년 8월 20일
초판 4쇄 발행 2021년 3월 2일

지은이 | 진성룡
옮긴이 | 원녕경
펴낸이 | 최윤하
펴낸곳 | 정민미디어
주 소 | (151-834) 서울시 관악구 행운동 1666-45, F
전 화 | 02-888-0991
팩 스 | 02-871-0995
홈페이지 | www.hyuneum.com
이메일 | pceo@daum.net
편 집 | 남은영
디자인 | 김윤남

ISBN 979-11-86276-69-3 (03320)

※ 잘못 만들어진 책은 구입처에서 교환 가능합니다.